OMAR VALEN

LOS **ESTADOS** DEL

SER

Cuando el corazón acciona,

el universo reacciona

Comentarios, sugerencias, contacto y más información:

- tel. (449) 8914750   whatsapp +52 1 449 8914750

Título: LOS ESTADOS DEL SER

Slogan: CUANDO EL CORAZÓN ACCIONA EL UNIVERSO REACCIONA

Autor: OMAR VALEN

Editor: JOSÉ VELASCO

Diseño de portada: MARIA ARELLANO VARGAS

Modelo de portada: OMAR VALEN

ISBN: 978-607-00-9135-3

www.losestadosdelser.com

www.facebook.com/losestadosdelser

Prólogo

Cuando la mente y el corazón de un ser humano están abiertos a recibir y experimentar las posibilidades que la vida le presentan, sucede lo impensable y se desarrolla el poder personal de un modo nunca antes imaginado; entonces, se superan los límites personales y los contextos inmediatos ocurren de una manera diferente, se transforman, y crean, de pronto, casi mágicamente, un ser en acción.

Cada momento, hasta con el simple acto de respirar, los seres vivos estamos en acción. La diferencia del hombre es que cuando se vuelve consciente de sus acciones, las potencializa y toma el control de su propio poder y, por consecuencia, se convierte en el creador de su vida.

Las circunstancias ocurren porque las personas, hombres y mujeres, determinamos que así sea y brindamos nuestra energía para ello. Así fue que conocí a Omar Valen, el autor de éste, aunque amigable, poderosísimo libro.

Mi ahora amigo estaba en búsqueda de un corrector de estilo que lo apoyara a mejorar el formato del texto y sus acciones unidas a las mías nos llevaron a las conversaciones interminables sobre el verdadero poder de los hombres, anécdotas peculiares sobre lo que sucede cuando se confía en la intuición y las determinaciones del ser, visualizaciones sobre lo que ya está provocando este libro en la mente y el corazón de sus lectores, la inmensidad del mar de la vida, las magníficas posibilidades de transformar al mundo en uno en que cada hombre y cada mujer operen siempre desde su ser, abrazando al ego para también transformarlo en una poderosa y positiva manifestación, el proceso de creación que cada persona tiene guardado y aprisionado en su interior por los paradigmas aprendidos, entre otros temas que rayan en lo irónica e increíblemente mágico.

Así es como he aprendido o confirmado, viéndolo y experimentándolo en Omar, que cada individuo puede desarrollar y potencializar los estados de su ser o, contrariamente, alimentar y reforzar los de su ego. Ha sido el ejemplo de la vida y las acciones de nuestro escritor lo que me ha enseñado a experimentar su libro desde mi propio ser, creando un impacto profundo en mis estados interiores y, por consecuencia, en mi contexto.

Omar Valen es un hombre poderoso, como su obra. Detrás de su expresión aparentemente tímida, reservada y sencilla, se encuentra una contundente manera de experimentar la vida, ajena a la programación sociológica, esto es, dejándose guiar por los designios de su ser, consciente de que es ahí donde se guarda la verdadera sabiduría.

Es a través de Valen que he aprendido que la transformación y los procesos de creación sí dependen de mí, de hecho, solo me competen a mí, y que lo que está aconteciendo en mi interior y en mi exterior únicamente tiene qué ver conmigo. Y lo he comprobado en la vida cotidiana, en la práctica.

Cuando leí *Los Estados del Ser* por primera vez, abriendo el corazón, no solo con la mente, como nuestro autor lo recomienda, confirmé de un modo vivencial lo que de alguna manera intuía y muchos autores me habían dicho solo de manera teórica: ¡puedo modificar y crear mi vida como yo lo desee! Lo único que requiero es, repito, dejar de operar solo con la mente, abrirle el campo de acción a mi ser, a mi corazón.

Esto lo he comprobado incontables veces en la empresa en la que tengo el placer de servir y dirigir, Ser Yo, Descubrimiento Vital, donde se imparten talleres de *coaching* transformacional, procesos vivenciales que invitan a crear un rediseño en la vida y a conectarse con el poder personal guardado en lo profundo de cada ser. Todos los días, al hablar con las personas y apoyarlas en las actividades del programa, tengo la oportunidad de poner en práctica el desarrollo de los estados de ser que propone Valen.

Los Estados del Ser ha contribuido a que de manera práctica haya interiorizado en niveles de conciencia profundos y mucho más elevados el poder de las palabras y la fuerza de lo que comprendo por verdad, a través de la expresión libre y auténtica de mi ser; se ha manifestado la prosperidad como un estado que se experimenta todos los días y he podido comprenderlo desde la vivencia interior, ya no desde un concepto que parecía lejano e imposible de presenciar; he llegado, incluso, a vivir en carne propia la espléndida y poderosa experiencia de ver mis pensamientos materializados y convertidos en realidad. En pocas palabras: mi ser se ha expandido y con él, mi exterior.

Experimentar el amor o la felicidad, la paz o la salud, la abundancia o la creatividad en el orden verdaderamente funcional, primero en tu ser, luego en tu mente, es un reto prometedor y que toda persona merece y debería, desde mi perspectiva, vivir. Solo así, me atrevo a decir, el contexto personal podrá ser transformado, solo así, cada uno de los que habitamos este planeta podrá ser realmente responsable de su vida; y será posible traer una realidad nueva en la que todos los deseos frustrados de las masas serán realidades: gobiernos honestos y funcionales, la paz, la equidad, la alimentación abundante para todos, la alegría, el desarrollo espiritual y todas las posibilidades que tu *ser* sea capaz de *crear*.

La clave está en lo que Omar Valen dice, hagámosle caso: deja a tu ser accionar libremente, abre tu corazón y experimenta su obra desde lo más hondo y honesto de tu divinidad.

José Velasco Díaz

Índice

Advertencia:

Después de leer este libro, tu vida no volverá a ser la misma. Tendrás una transformación interna de menor o mayor grado, aunque ésta depende de ti. Si no estás dispuesto a cambiar tu vida, no sigas leyendo. Esto es serio, si no estás buscando un despertar de conciencia y energía en ti para crear tu mejor versión, por favor, ¡abandona el libro!

INTRODUCCIÓN

El Ser

El *ser* está íntimamente relacionado con el universo, con la existencia misma. El universo es infinito e ilimitado, el *ser* también lo es. El *ser* no se limita al cuerpo, éste es únicamente la manifestación última del primero.

Todos los seres vivos poseen una característica esencial que los mantiene en movimiento, que los mantiene con vida, el *corazón*. Éste es el órgano que mantiene vivos y conectados a todos los seres de la creación. Cada *ser*, de manera individual, se conecta por medio de su *corazón* al de otro *ser*, sea de su especie o no. Se podría decir que el *corazón* es parte fundamental del *ser*, después de todo, es el primer órgano que se forma durante su creación física.

Al reunirse los dos principios básicos de la creación, el masculino y el femenino (esperma y óvulo), un nuevo ser empieza a formarse y estas dos células empiezan a multiplicarse tantas veces hasta darle vida al primer órgano: el *corazón*; posteriormente, se forma la mente, que es una extensión del órgano primario y, finalmente, se forman todos los demás órganos, que son extensiones tanto de la mente como del *corazón*. Una vez que todos los órganos se han manifestado, el *ser* se ha completado físicamente, mismo que al nacer está formado, mas no desarrollado. Dicho desarrollo, cuando se alcanza, se da en todas las áreas: física, mental, emocional y espiritual.

Así como cada *ser* se originó de dos principios físicos, a su vez, se divide en dos, independientemente de si es hombre o mujer; éstos son los principios creadores: lo masculino y lo femenino; la mente es el principio masculino y el corazón es el principio femenino. Dichos principios no solo son órganos físicos que mantienen la vida, sino que actúan en planos superiores y son capaces de crearla. La mente corresponde al plano mental y el *corazón* al plano emocional. Cada órgano, además de sus funciones biológicas o físicas, posee otras en niveles superiores de vibración. Por ejemplo, la mente es capaz de generar pensamientos que emiten una frecuencia eléctrica; el *corazón*, en cambio, genera emociones que emiten una frecuencia magnética. Si ambos se fusionan, se creará una frecuencia electromagnética que es exactamente de lo que está hecha la estructura de la realidad. En otras palabras, el pensamiento y la emoción son los principios creadores del ser. En este sentido, se podría afirmar que los principios creadores (masculino y femenino) y la creación forman la trinidad del ser, tal como se expresa en el siguiente esquema.

Realidad (principio de creación)

Emoción (principio femenino)

Pensamiento (principio masculino)

*Esquema de la Trinidad del Ser.

El *ser* está hecho a imagen y semejanza del universo, ambos poseen los mismos principios, aunque la magnitud de éstos sea monumentalmente distante, como lo es una gota de agua (*ser*) con respecto al mar (universo). Dicha gota de agua que representa al *ser* tiene las mismas proporciones químicas y cualidades físicas que el mar que representa al universo.

Energía (principio femenino)

Conciencia (principio masculino)

Realidad (principio de creación)

*Esquema de la Trinidad del Universo.

A continuación, algunas fórmulas que ejemplifican lo antes mencionado en los esquemas.

Principio masculino	+ Principio femenino	= Principio de creación
Mente	+ Corazón	= Realidad
Pensamiento	+ Emoción	= Realidad
Frecuencia eléctrica	+ Frecuencia magnética	= Frecuencia electromagnética
Conciencia	+ Energía	= Realidad
Hombre	+ Mujer	= Hijo
Dios padre	+ Dios madre	= Dios hijo
Dios padre	+ Espíritu santo	= Cristo (cristalización)

* Tabla de la Trinidad del *Ser* y del Universo.

Nuestra época es un tiempo en el que el principio masculino parece dominar en todos los aspectos. En el ámbito social el hombre destaca más que la mujer en casi todas las actividades, donde en realidad ambos han participado y dejado huella en la historia, sin embargo, existen innumerables casos en que los hombres a simple vista realizan grandes logros y las mujeres apenas son perceptibles en sus aportaciones para el desarrollo y crecimiento de la humanidad. A nivel individual sucede exactamente lo mismo: en nuestra cultura se estimula más el desarrollo de cerebro que el del corazón.

En este mundo dominado por el principio masculino, los pensamientos sobresalen más que las emociones; hemos llegado a creer que los pensamientos son superiores. Tenemos la idea de que el cerebro es superior al corazón. El corazón, por más que palpita, es ignorado porque hasta ahora no ha sido comprendido. Se cree que solo es un órgano que bombea sangre; se cree que cuando el corazón guía, solo hay errores. Se considera una inteligencia antigua y obsoleta. Hoy es tiempo de equilibrar la balanza dentro de cada ser para poder vivir de manera armónica, individual y colectivamente.

El corazón fue la primera inteligencia en los seres vivos en el principio de los tiempos, dichos seres se guiaban por instintos e impulsos y no por razonamientos y pensamientos. A través de un lenguaje instintivo, el corazón era un medio para comunicarse; les permitía fluir y estar conectados con todos los demás seres vivos, ya superiores ya inferiores; les permitía captar los mensajes del ambiente, del ecosistema y de la misma tierra; proveía la energía a los cuerpos para que estos se mantuvieran con vida; este órgano era el que ayudaba para realizar la trasformación de cada ser; era lo que permitía la evolución;

y lo sigue siendo, a pesar de que nuestra sociedad actual cegada por la tecnología y el materialismo nos ha hecho pensar que la mente es la base de todo. La mente ha permitido el desarrollo de la civilización, sin embargo, antes que la mente se formó el corazón y éste es capaz de acceder al espíritu, canalizando la energía más elemental, energía que la mente hace consciente para poder crear. Decía Albert Einstein: "Hay una fuerza motriz más poderosa que el vapor, la electricidad y la energía atómica: la voluntad". Es importante hacer mención que el vapor, la electricidad y la energía atómica son energías ajenas a nuestro ser, mientras que la energía de la voluntad es generada por el corazón, mismo que está conectado con todo el universo.

El poder de la emoción

La palabra *emoción* proviene del latín *emotĭo*, que significa "movimiento o impulso", "aquello que te mueve hacia".

El corazón es el órgano que nos mantiene con vida y, a su vez, en movimiento. El corazón es un generador de emociones y éstas son capaces de generar movimientos. Las emociones generan movimiento porque generan reacciones. En otras palabras, el corazón acciona generando emociones y el universo reacciona a las emociones generadas.

> *Cuando el corazón acciona, el universo reacciona*

Veamos algunos ejemplos. Si hay una persona que está emitiendo una vibración violenta a un grupo de personas, muy probablemente, el grupo reaccionará atacando a la que emitió la vibración inicial. Por lo tanto, se ha generado un movimiento que ha nacido por causa de una actitud, se ha generado un movimiento desde un corazón.

Cuando un niño que es feliz se dirige a un grupo de personas, éstas tienden a reaccionar con felicidad a la actitud del niño. Se ha generado otro movimiento. Se ha generado una reacción de la misma magnitud, pero en dirección contraria, así como lo afirma la tercera ley de Newton: "A toda acción corresponde una reacción de igual magnitud, pero en sentido contrario". Es decir que el niño accionó generando felicidad dirigida hacia los adultos y ahora éstos accionan generando felicidad dirigida hacia el niño.

El mundo se encuentra en movimiento porque es de naturaleza emocional. Todos los seres reaccionan a las emociones y cuando alguno de éstos es más emocional genera más fuerza de atracción o de repulsión, todo depende de la naturaleza de la emoción. Las personas emocionales no pasan desapercibidas, al contrario, si sus emociones son favorables, tienden a ser como soles en este mundo, donde pareciera que las demás personas giran en torno a ellos, comportándose como planetas en un sistema solar. Sin embargo, el giro no es en torno a esa persona, es en torno a esa emoción, o mejor dicho, a ese corazón, que es un centro solar para todo, un sistema en movimiento. Por ejemplo, los líderes poseen una inteligencia emocional muy avanzada, ya sea nata o desarrollada, y es gracias a esta inteligencia por la que a donde quiera que vayan ejercen un poder magnético que los hace generar seguidores.

Las emociones son impulsos que nuestro corazón percibe. Si son de influencia contraria a la vibración de nuestro ser, nos repelen, si son de influencia similar a la vibración de nuestro ser, nos atraen.

El universo, debido a la fuerza magnética o de las emociones, de manera constante está ejerciendo el poder de atracción y repulsión, simultáneamente, y con estas dos fuerzas básicas se está creando y recreando a él mismo en cada momento. Un ejemplo de esto en las relaciones humanas: cuando vibras en amor, atraes a tu vida circunstancias y personas que te provocan amor y repeles a las del miedo. En cambio, si vibras en miedo, atraes a tu vida circunstancias y personas que te provocan miedo y repeles a las de amor.

Las emociones pueden experimentarse de manera espontánea, pero de igual modo también se pueden ir de nosotros. Por ejemplo: si sorpresivamente llega a ti un familiar que tenías tiempo que no veías, al cual amas, sentirás mucha felicidad. Sin embargo, cuando él se vaya, la felicidad se irá con él porque fue una emoción espontánea. La felicidad puede ser instantánea y fugaz cuando es una situación externa la que la origina.

Si ésta proviene de nosotros y vibramos en felicidad constantemente durante un lapso de tiempo prolongado, la felicidad se hará parte de nosotros, formando lo que se llama un *estado de ser*.

Los estados de Ser

Un *estado de ser* es una emoción que ha estado vibrando un lapso de tiempo prolongado, tanto que se ha cristalizado en el ser, formando parte de él; cada vez que el corazón palpita, esta vibración definida emite su frecuencia y es percibida por todos los que le rodean.

Un ejemplo básico de esto es el estado de la *felicidad*. Un niño es feliz por naturaleza. La felicidad es parte del niño y a donde quiera que vaya será feliz. La felicidad no está en ninguna circunstancia externa, ni en un objeto físico, forma parte del ser. La felicidad es un estado de ser, aunque no es el único, hay muchos más, aun los que podrían considerarse de naturaleza contraria: los estados del ego. Los estados de ser dirigen a los hombres y mujeres de este planeta hacia la abundancia, mientras que los del ego, a la carencia. La siguiente tabla nos ilustra la dualidad de los diversos estados.

Estados del ego (carencia)	Estados de ser (abundancia)
Miedo	Amor
Tristeza	Felicidad
Escasez	Prosperidad
Enfermedad	Salud
Mentira	Verdad
Apatía	Genialidad
Caos	Paz

*Tabla de los estados del ser y los del ego.

Cada persona experimenta diferentes y múltiples estados de ser y del ego, algunos están más presentes o desarrollados que otros. El estado más fuerte es el que determina las situaciones que experimentará la persona. Un ejemplo sobre cómo las emociones o pensamientos se convierten en estados del ser o del ego: las personas con tendencia a la tristeza hacen de ésta su estado. Una vez que se ha formado dicho estado, esta vibración se emite permanentemente, haciendo que la persona atraiga hacia su vida más de lo que ya es: tristeza. Experimentará tristeza constantemente hasta que no cambie ese estado del ego y lo transforme en un estado de ser, como la felicidad.

A lo largo de la historia han existido personas que se destacan por poseer estados de ser con un nivel muy elevado, sobresaliendo de los demás, lo que los ha hecho destacar como arquetipos de cierta cualidad. Por ejemplo, la Madre Teresa de Calcuta desarrolló en su ser la caridad, Buda la paz, Isaac Newton la genialidad, Warren Buffet la prosperidad, Jesucristo el amor, Marilyn Monroe la belleza física, entre tantos otros.

La mejor forma de conocer a cada persona no es por lo que dice de sí misma, ni tampoco por lo que los demás dicen de ella. La forma de conocerla es por los resultados que provoca. Si una persona dice que es alguien abundante, pero los resultados en su vida demuestran lo contrario, entonces no es lo que predica y no existe congruencia entre sus palabras y su estado de ser. Jesucristo habló de esto cuando afirmó: "Por sus frutos los conoceréis". En otras palabras, la forma de conocer a una persona no es por lo que habla, sino por lo que su ser transmite, tanto si habla o no, tanto si hace o no. El ser en su esencia es indefinible, pero se revela y se da a conocer a partir de lo que provoca. Como afirman los cabalistas: "lo manifiesto revela lo oculto"; si una persona posee riqueza exterior, es porque tiene riqueza interior, es decir, que la prosperidad es uno de sus estados de ser.

Por otro lado, las personas se dejan impresionar por la apariencia de las cosas. Se cree que el hombre que tiene a una mujer a su lado, o muchas, es un hombre amoroso, que el que tiene mucho dinero es próspero, que el que tiene muchos objetos es feliz, que el que tiene libros es un genio, que el que asiste a la iglesia o a meditaciones es un hombre pacífico. Las personas creen todo esto porque tienen arraigado el paradigma de que *tener es ser*. Esta filosofía aplica para lo que se podría definir como las mentes débiles, ya que se está diciendo implícitamente que el exterior te define y te da forma. Sin embargo, llega un punto en donde el ser interior es más fuerte que el ambiente exterior, donde aquello en lo que tú te trasformas es lo que atraes manifestado. Afortunadamente, existe la postura de que el *ser produce el tener*.

Esto se debe a que la vida es un espejo y te dará o veras reflejado en el ambiente aquello que tú ya eres. Si eres un hombre próspero, definitivamente verás riqueza en todas las situaciones de la vida y esta actitud te llevará, sin duda, a la riqueza real; el mundo se equilibrará a lo que tú ya eres. Si eres un hombre feliz, no habrá circunstancias que impidan tu felicidad y serás feliz hagas lo que hagas, estés donde estés.

Todos los estados de ser que llegues a desarrollar dependen solo de ti. Tu vida, tus circunstancias, todo lo que te rodea gira en torno a ti; tú eres tu centro y en la medida en la que tú crezcas o te desarrolles se desarrollará toda la materia que te sirve de soporte. Si tú te desarrollas, se desarrollan tu salud, tu economía y tus relaciones.

Cada estado es como una semilla que se instala en tu ser, que se desarrollará y dará frutos en el exterior. Lo que se siembra adentro se cosechará afuera. Si, por ejemplo, siembras bienestar en tu ser, conservarás mucha salud en tu cuerpo, si siembras prosperidad, multiplicarás la riqueza de tus bienes.

Una sola persona posee una gran variedad de estados de ser, unos con mayor poder que otros, mismos que la definen, que manifiestan aquello con lo que estás sintonizando. Cuando la pobreza forma parte de tu ser, la vida tiende a llevarte a la pobreza material. Afirma Robert Kiyosaki que "estar quebrado es temporal, pero ser pobre es eterno", es decir que si tu ser es pobre, serás pobre por siempre, ya que la pobreza se lleva dentro. Afortunadamente, la riqueza también se lleva dentro y cuando ésta forma parte de tu ser, tu situación económica y el equilibrio en todas las áreas de tu vida se transformarán hacia la abundancia.

Las personas con un pensamiento lineal siguen buscando el camino para la felicidad, la salud, la prosperidad, el amor y la paz. Acertó Mahatma Gandhi cuando dijo que "no hay caminos para la paz, la paz es el camino"; de igual manera, no hay caminos para la felicidad, la felicidad es el camino, la salud es el camino, la prosperidad es el camino. El camino es todo aquel estado de ser que manifiestes. La paz atrae paz, la salud atrae salud, el amor, amor, la prosperidad, prosperidad. Cada estado de ser ejerce un poder magnético y atrae a tu vida lo semejante, lo mismo.

Un estado de ser es como un programa que constantemente se está ejecutando en la gran computadora cuántica, que es tu ser, conectada a todo el universo. Por tu propio desarrollo, es necesario desinstalar los programas obsoletos, es decir, los del ego, mismos que solo se encuentran drenando tu energía y desgastándote. Lo mejor es instalar nuevos programas o estados de ser que sí te funcionan y prepararse para lo mejor de la vida. Así, cada programa que se ejecuta a través de tu ser determina lo que estás creando, por ejemplo, el amor, cuando se expresa, se multiplica, es decir, crea más amor.

Cada estado de ser, como del ego, se manifiesta en las personas con diversas cualidades que lleva implícitas, por ejemplo, cuando el estado del ego miedo se manifiesta en nosotros, las cualidades que nos caracterizan son: inseguridad, timidez, baja autoestima, malestar, etc. Al contrario, cuando se manifiesta en nosotros el estado de ser amor, las cualidades que transmitimos son las opuestas: seguridad, autoestima, valor, energía, bienestar, etc. Lo mismo sucede con los demás estados del ser, como veremos en las siguientes tablas.

Estados del ego (carencia)	Miedo	Cualidades de los estados del ego	• Inseguridad • Timidez • Baja autoestima • Poca energía • Fracaso • Miseria • Preocupación • Ignorancia • Estrés • Malestar • Desgaste • Desarmonía • Debilidad • Vejez prematura • Amargura • Frustración • Estancamiento
	Infelicidad		
	Pobreza		
	Enfermedad		
	Mentira		
	Apatía		
	Caos		

*Tabla de las cualidades de los estados del ego.

Estados del ser (abundancia)	Amor	Cualidades de los estados del ser	• Seguridad
			• Valor
			• Autoestima
	Felicidad		• Alegría
			• Éxito
			• Bienestar
	Prosperidad		• Armonía
			• Energía
			• Plenitud
	Salud		• Sonrisa
			• Creatividad
			• Inteligencia
	Verdad		• Tranquilidad
			• Serenidad
	Genialidad		• Firmeza
			• Poder
			• Entusiasmo
	Paz		

*Tabla de las cualidades de los estados del ser.

Nota: En cada capítulo se reafirmará esta información con ejemplos prácticos para que al lector o aprendiz le quede más claro.

El efecto nidal

Para profundizar en cómo funciona la ejecución o manifestación de los estados de ser, hablemos del efecto nidal.

Cuando era un niño, mi padre era dueño de un rancho en el que tenía gallinas. Éstas se encontraban libres alrededor de la casa. Mi papá tenía nidos en algunos árboles cada cierta distancia, para recoger los huevos que producían las gallinas. Todas las mañanas íbamos a recoger los huevos de los nidos y notaba que mi papá dejaba un huevo en cada nido; a éste huevo le llamaba *nidal* y decía que teníamos que dejarlo ahí para que las gallinas siguieran poniendo más, ya que si lo quitábamos, estas ponían los huevos en cualquier otro lugar.

Recuerdo varias ocasiones en que yo recogía todos los huevos (incluido el nidal) de algunos nidos, solo para comprobar lo que mi padre decía. Al día siguiente, estos nidos no contenían huevos, mientras que los nidos que habían conservado su nidal habían aumentado el número de los mismos. Lo que sucedía era que las gallinas, al no ver el nidal en su nido, optaban por irse a otro donde sí hubiera y poner sus huevos ahí, lo cual hacía que algunos nidos contuvieran muchos más huevos y que otros estuvieran vacíos.

De alguna manera, las gallinas se sentían atraídas por los nidos que tenían su nidal, inclusive, si un nido tenía varios nidales acumulaba más huevos.

Había otras ocasiones en las que mi padre armaba un nido nuevo y no había huevos para poner el nidal, así que lo que hacía era colocar uno de plástico o una piedra blanca oval; el resultado era sorprendente: con un nidal artificial obtenía los mismos resultados que con uno natural; una vez que las gallinas habían puesto un huevo, quitaba el nidal artificial y dejaba el natural. De alguna manera, cada nidal instalado tenía el potencial o la energía de crear más huevos.

El efecto nidal, relacionado con los estados del ser, consiste en atraer más de lo que ya existe. Esta analogía aplica en tu vida, donde:

a) Tú eres el nido
b) El nidal es aquello que ya eres (estado de ser)
c) La gallina es el universo

Tú eres el nido que, una vez que tengas un huevo (estado de ser) y éste forme parte de ti, estarás preparado para atraer más del mismo estado a tu vida. Cada huevo puede representar cualquier cosa en la que te puedes convertir, como amor, salud o prosperidad. Todo lo que puedas imaginar.

En este sentido, el universo te dará aquello que ya eres o ya has desarrollado en tu ser. Para atraer abundancia, requieres convertirte en la abundancia misma; cuando la abundancia sea tu nidal, el universo atraerá más abundancia a tu vida.

Cuando tu ser (nido) haya formado un estado de ser (nidal), el universo (gallina) te multiplicará aquello que ya eres, dándote más de lo que ya tienes. Así lo afirmó un gran maestro: "Al que tiene, se le dará y tendrá en abundancia, al que no tiene, se le quitará hasta lo que tiene".

Probablemente has escuchado decir que los pobres son cada día más pobres, mientras que los ricos son cada día más ricos. Esto se debe a que tanto la pobreza como la prosperidad son nidales (estados del ego o del ser) que atraen más de lo mismo.

ESENCIA DEL LIBRO

Estructura y poder

Éste consta de siete capítulos, cada uno está relacionado con un color y corresponde al desarrollo de un *estado de ser*. La relación de cada estado de ser con el color es la siguiente:

Estado	Color
Amor	Rojo
Felicidad	Naranja
Prosperidad	Amarillo
Salud	Verde
Verdad	Azul
Genialidad	Índigo
Paz	Violeta

Este libro no es únicamente para el cerebro, no solo es para desarrollar el intelecto. El poder de este libro también está dirigido al corazón; está diseñado para ser vivido, para experimentarlo y sentirlo. De hecho, la idea del libro, antes de ser entendida por la mente del autor, fue sentida por su corazón. La lectura de las palabras descritas en el presente tiene como finalidad entender las ideas, pero también, sobre todo, sentirlas. Esta lectura no puede realizarse únicamente con la mente, sino también con el corazón, para que, de esta manera, se cristalice un estado de ser en el lector o aprendiz.

Parte interactiva y transformación

El libro cuenta con material interactivo para la asimilación de las ideas y para que éstas lleguen a formar parte del ser del lector o aprendiz. El material interactivo es una serie de audios, los cuales deberán reproducirse cuando el curso de la lectura lo indique.

Al iniciar cada capítulo (estado de ser) se deberá reproducir el audio principal: Ondas binaurales para la concentración. Al terminar, se deberán reproducir los audios secundarios: Melodías de cada estado de ser.

Finalidad de las ondas binaurales

Al principio de cada capítulo se indica reproducir un audio que contiene ondas binaurales. Las ondas o sonidos binaurales son tecnología que se emplea por medio de audífonos, utilizando un tono distinto en cada oído para que produzcan cierta actividad cerebral.

Nuestro cerebro, cuando estamos despiertos, normalmente emite ondas cerebrales beta (14hz a 21hz); estas ondas binaurales tienen la facultad de bajar la vibración del cerebro a alfa (7hz a 14hz). Cuando nuestro cerebro se encuentra emitiendo ondas alfa está muy concentrado, con una elevada capacidad de retención y comprensión. Es en el estado alfa del cerebro en el que todos los grandes genios han alcanzado la inspiración, mismo que los llevó a generar, comprender y canalizar magníficas ideas e información reveladora.

Cuando nuestro cerebro está emitiendo ondas alfa estamos inspirados, apasionados, entusiasmados, con bienestar y sentimos mucha paz, porque estamos conectados con lo que estamos haciendo. Está comprobado científicamente que disfrutando lo que hacemos logramos mejores resultados. Si disfrutamos una lectura, el resultado es que comprendemos con mayor facilidad. Para ello, este libro se complementa con las ondas binaurales.

Finalidad de las melodías de cada estado de ser

Posterior a la experiencia de lectura de cada capítulo, se indica reproducir una melodía seleccionada para cada estado de ser. La finalidad de esta melodía es que conectes con ese estado de ser que debes sentir para poder provocar una reflexión que te inducirá al análisis y realizará la transformación en tu ser en los diferentes planos de tu existencia.

Para que cualquier idea que ha sido revelada se quede en nuestro ser, es necesario sentirla, para eso, la melodía nos dirigirá a sentir dichas ideas, porque las emociones son energía y la energía produce transformación.

En verdad, me siento ansioso porque des vuelta a la hoja y comiences a vivir esta experiencia.

Vibrando lo mejor para ti: Omar Valen

Capítulo Rojo:

Estado de ser Amor

Elemento interactivo: Ondas binaurales

Este capítulo incluye material interactivo que consiste en la reproducción de un audio de ondas binaurales, para potencializar tu poder de concentración. Este audio deberá reproducirse mientras se lee el capítulo, para hacer de la lectura una experiencia placentera. Reproduce la melodía llamada *Ondas binaurales para la concentración.*

Las ondas binaurales para la concentración las encuentras en el buscador de YouTube con el titulo *Ondas binaurales para la concentración - Los estados del Ser* ó en el siguiente código QR que te manda a la lista de reproducción del material interactivo de la obra:

Se recomienda que uses audífonos, para una mejor experiencia. Recuerda que la finalidad es disfrutar la lectura, ya que disfrutando aprendes mejor.

ESTADO DE SER AMOR

Te has preguntado: ¿Dónde está el amor que tanto he buscado?, ¿por qué no lo encuentro? Seguramente has considerado la opción de que no naciste para encontrar al amor de tu vida. Te has creído el cuento de que son muy pocas personas quienes lo encuentran y no te sientes parte de ese grupo. Quizá no estás buscando en el lugar correcto. Quizá aún tienes mucho por aprender para poder encontrarlo. Tal vez el amor no esté en un lugar específico. Es muy probable que el amor no se encuentre tampoco en otra persona ajena a ti.

¿Has considerado alguna vez la opción de buscar hacia adentro? Te invito a que abras tu corazón a este capítulo que te abrirá la mente, o a la inversa, que abras tu mente a este capítulo que te abrirá el corazón.

El amor es uno de los estados del ser más poderosos, a pesar de que en nuestra época no ha sido comprendido del todo ni, mucho menos, experimentado. El amor está en todas partes, está en todo, porque todo es amor. El amor tiene distintas facetas o niveles de vibración, entre los cuales encontramos la atracción, el impulso sexual o sexo, el enamoramiento y muchas facetas más de vibración superior que iremos abordando en este capítulo.

Encontrando el amor

A muchos adolescentes les ocurre que les gusta o se sienten atraídos por una joven, sin embargo, tienen miedo de acercarse a ella. Se sienten inseguros y cuando lo hacen, la joven experimenta los mismos estados del ego del adolescente: miedo y su cualidad inseguridad; y la joven se aleja de él al sentirse temerosa e insegura. El adolescente queda marcado por esa situación y más si es objeto de burla los adolescentes cercanos. Se repite a sí mismo en su mente una y otra vez la escena de lo sucedido, generando en sí un estado aún más grande de lo ya mencionado: miedo desarrollándose día con día bajo el seudónimo de inseguridad.

Tiempo después, el adolescente se siente atraído por otra joven. Lo intenta de nuevo, sin embargo, parte desde el mismo estado del ego: miedo y su cualidad: inseguridad, por lo que, como es lógico, provocará la misma experiencia en la nueva joven. Y como las mujeres únicamente se sienten atraídas por quienes las hacen sentir bien, terminan alejándose de los miedosos, de los inseguros.

El adolescente posee un estado de ego cada vez más marcado que no le funciona y, a pesar de ello, lo incrementa día con día. Debido a las experiencias de rechazo vividas, el joven se siente lleno de dudas y tiende a bajar su autoestima. Se desespera y esta desesperación aumenta a tal grado que lo hace cometer locuras que siguen alejando de su vida a las mujeres. La desesperación atrae más desesperación, el miedo atrae más miedo y la inseguridad, inseguridad, por lo que el joven se encuentra tocando fondo y es probable que llegue a creer que el amor no es algo que funcione para él y que se niegue a darse esa oportunidad otra vez. Una opción diferente que suele suceder es que después de tantas experiencias de rechazo, algunos jóvenes intentan relacionarse con el sexo similar, en busca de ser aceptados, para sentirse amados. Algunas veces lo logran y puede ser que elijan experimentar una vida amorosa con orientación diferente a la heterosexual; pero este tema no ocupa ninguno de los propósitos de este libro.

Imaginemos que no es el caso del joven en cuestión y que después de muchos fracasos con las mujeres se toma un tiempo para reflexionar, analizar qué es lo que no está funcionando y decide tomar acciones diferentes, por ejemplo, asistir a seminarios de seducción, cursos de autoestima e inteligencia emocional. En estos, el joven se encuentra y se descubre consigo mismo, se descubre con su propio amor, que es el que lo sana de las heridas que ha sufrido en las situaciones vividas; el amor ha logrado que el joven se llene otra vez de fuerza, pero sobre todo de seguridad. El joven vence el miedo y a todas las cualidades del ego, experimentando el amor en su vida y todas las nuevas cualidades del ser. Este joven intenta una vez más formalizar una relación amorosa, solo que ahora tiene grandes herramientas a su favor: algunos estados de ser que sí funcionan: el amor a sí mismo, que provoca seguridad, valor y autoestima

El joven empieza a salir con la mujer que ha elegido. Se siente cada vez más seguro y hace que su acompañante también sienta lo mismo. A ella le agrada sentirse amada, valorada, segura y con autoestima, cuando está con él, ya que esto se trasmite. Así que se enamora tanto de su estado de ser como de sus cualidades y se hacen novios. Pasan los días y la mujer está cada vez más enamorada del joven, compartiendo este nuevo estado de ser con él.

Es importante hacer mención de que cuando el amor crece en uno de los dos, se transmite al otro, de esta manera, el amor que el joven le da a su amada regresa multiplicado a su corazón, cristalizándose en su ser.

Resulta curioso que ahora que el joven ha experimentado el amor en su ser, debido a que se amó primero a sí mismo, entonces, tiene el potencial para atraer a quien lo ame, razón por la cual ha atraído a una pareja y ha formalizado una relación, misma que antes no lograba.

Suele suceder que cuando los hombres llegan a este nivel tienen el potencial de atraer más mujeres a su vida y más específicamente suele suceder que las mujeres que una vez lo rechazaron se sienten atraídas por él. Ahora lo ven con otros ojos; al verlo, experimentan algo diferente que antes no habían sentido, y no encuentran explicación, tal como dice la expresión popular derivada de los versos de San Juan de la Cruz: "tiene un no sé qué, que qué sé yo, pero me encanta". Antes, cuando el joven no se amaba a sí mismo, no podía atraer a ninguna mujer a su vida y formalizar una relación. Ahora que se ama, ha descubierto el secreto de las relaciones y que tiene el potencial para atraer no solo a una, sino a muchas. De igual manera sucede cuando las mujeres se aman primero a sí mismas, tienen el potencial para atraer a su vida muchos hombres.

Cuando las mujeres se sienten atraídas por ciertos hombres, se debe a lo que transmiten desde su ser: amor manifestándose a través de las cualidades de seguridad, valor, firmeza, autoestima y muchas más. Efectivamente, se enamoran del ser de la otra persona.

Basado en lo anterior, se puede afirmar que no es el físico lo que enamora, no es la belleza exterior, no es el dinero. Lo que verdaderamente enamora es el ser de la persona, el corazón, sus estados de ser, sean los que sean.

Si eres hombre, te pregunto: ¿qué tienes para enamorar a una mujer y crear una relación como la que quieres? Si no es suficiente ese estado de ser que posees, te queda desarrollarlo, incrementarlo, de esta manera tienes qué ofrecer, una razón para que alguien se sienta atraída por ti. Si eres mujer, la misma pregunta. Pareciera que el amor, en cualquiera de sus variantes, es una búsqueda en la que se atraen con fuerza quienes se complementan, como lo afirma Kiyosaki: "Para mí, una esposa debe ser una buena compañera, sus fortalezas deben compensar mis debilidades y viceversa".

Los grandes seductores

A lo largo de la historia, han existido hombres que han sido experimentadores del amor en su faceta de sexo. Hombres adictos al sexo que lo han practicado tanto que ya forma parte de su ser. Por donde quiera que pasan, provocan instintos sexuales de una mujer sin emitir una palabra. Su sola presencia hace vibrar al ser de la persona seducida, únicamente por su cercanía. Las mujeres que también experimentan dicho estado provocan el mismo efecto con los hombres solo con su presencia.

Una persona, mientras más sexo práctica, más sexo atrae, ya que el impulso o deseo sexual al experimentarlo constantemente se queda grabado en el corazón y éste atrae más de lo mismo. Las mujeres, por ser básicamente emocionales, vibran en la medida de que un hombre las haga vibrar, pero para que el hombre logre este efecto, necesita vibrar él primero. De igual manera, las mujeres tienen la capacidad de hacer vibrar a los hombres con lo que ellas vibran en su ser. Un dato muy curioso, según los sexólogos, es que si una mujer o un hombre te atraen impulsivamente, dependiendo tu orientación sexual, es porque dicha persona ha tenido relaciones sexuales recientemente; esta es la razón por la que los hombres mujeriegos atraen tantas mujeres. El mismo efecto sucede con las mujeres, incluyendo a las mujeres que practican el sexo como como oficio, quienes con la práctica constante atraen más hombres.

Hay una expresión muy famosa que dice: "dinero mata carita"; en ésta, se da por hecho que las personas que tienen dinero tienen más poder de atracción que las personas "bien parecidas". Esto se debe a que la prosperidad como estado de ser tiene la cualidad de hacerte sentir seguro (al igual que el amor) y cuando te sientes seguro puedes amarte más a ti mismo, lo que hace que otras personas te amen. Como observamos, ahí está el amor otra vez, provocando mayor fuerza de atracción que los mejores rostros.

La expresión que se utiliza para contrarrestar la primera es: "verbo mata billete". En ésta, se afirma que las personas que tiene mayor capacidad para hablar con elocuencia, tienen más poder de atracción que las que tienen dinero. Esto se debe a que los tipos que son muy "verbos", aparte de ser seguros de sí mismos y amarse, por lo que tienen la capacidad de transmitir sus emociones con mayor facilidad y su rango de atracción aumenta.

La verdad es que no es lo guapo lo que ejerce mayor poder de atracción, tampoco es el billete y mucho menos el verbo. El poder de atracción más grande lo ejerce el corazón y se expresa en amor. Con estas conclusiones, se puede afirmar una nueva expresión: *"el amor lo vence todo"*.

Vamos a poner un ejemplo donde una mujer tiene cuatro prospectos: el guapo, el millonario, el verbo y el amoroso. Sin duda, las mujeres se inclinarían por el amoroso, al menos las que siguen a su corazón (ser), porque las que obedecen más a su mente (ego) optarían por el guapo o por el millonario, para así tener una vida asegurada. Sin embargo, la felicidad está en lo que nos dice el corazón y no nuestra mente.

El hombre que vibra en amor tiene la facultad de hacer sentir a su pareja como él se siente y eso atrae más que nada. De hecho, el amor es la mayor fuerza de atracción, ya que el magnetismo más grande proviene de lo que vibra en el corazón. Aunque todos los hombres guapos, millonarios y "verbos" se sienten seguros por su cualidad, pero no es la cualidad de belleza física, ni la cantidad de dinero, ni la facilidad para hablar lo que enamora a las mujeres, sino la seguridad que proyectan, tengan o no tengan belleza, dinero o habilidad para hablar; esa seguridad en su ser es suficiente y la expresan cuando se aman primero a sí mismos.

Afirman algunas mujeres que no es el sexo lo que les da placer, sino el amante. Muchas mujeres se sienten más atraídas por hombres casados que por hombres solteros. La razón es que el casado tiene un estado de ser con respecto al amor que el soltero aún no ha desarrollado y las mujeres jóvenes inconscientemente desean dicho estado. El estado que tiene el hombre casado lo ha cultivado y desarrollado con su pareja. Mientras tú te amas, atraes a quién te ama. Mientras alguien te ama, atraes más amor a tu vida. Mientras más personas te aman, más amor sigues atrayendo. El origen del amor radica en quién se ama primero a sí mismo. El amor atrae más amor. El amor es esa emoción capaz de materializar sexo, aunque también el sexo es capaz de hacer sentir amor. Tanto el amor como el sexo pueden ser la causa y la consecuencia.

Cuando alguien te admira, mayor admiración causas en las personas como producto de la admiración de la persona que te admiró inicialmente. Cuando alguien te ama, sucede lo mismo. Por eso, cuando estás con una mujer y ella te ama, inconscientemente, otras desean sentirse como esa mujer a la que tú amas y llegan a creer que contigo experimentarán la forma más próxima a dicho estado de ser.

Las mujeres se sienten atraídas por ese hombre que funciona como una chispa en este mundo, que enciende, porque él está encendido. Es como si fuera una vela portadora de luz. Todas las velas apagadas se sienten atraídas por él, por solo un poco de su llama que las haga experimentar lo que él siente. Mientras más velas apagadas enciende, más velas atrae y más emoción genera. Por eso, un seductor atrae más mujeres a su vida, porque ellas quieren de lo que él tiene en su ser. Sin embargo, una vez que lo tienen, se alejan de él, para ir en busca de lo que verdaderamente anhelan en la vida, que es amor en facetas más elevadas de vibración.

No hay nada más codiciado que un soltero que ha desarrollado el amor como estado de ser; por eso es que muchos artistas se presentan como símbolos sexuales y permanecen solteros (al menos para el público) la mayor parte del tiempo, para incrementar sus ventas discográficas o su *rating* en el cine. El amor como estado de ser genera atracción en las masas, todos desean enamorarse.

Todas las personas merecen experimentar el amor. El simple hecho de sentir amor es suficiente para merecerlo.

Decía una de los grandes seductores: "para ser amado tienes que merecerlo". En otras palabras, para ser amado es preciso amar. Si lo que quieres es despertar el amor en otras personas, despiértalo en ti primero. Decía Adolf Hitler: "Despertar pasiones solo es atributo de quien siente el fuego pasional".

El poder magnético del amor

Si llevas una vida en la cual aquello que más experimentas son los estados del ego y sus cualidades como la desilusión, el miedo, el fracaso y el odio, precisamente eso es lo que seguirás atrayendo a tu vida. Cuando llegue el punto en el que te ames y sea el amor tu estado de ser dominante, entonces llegará a ti el amor y será de la medida en la que tú te amas.

Empiezas a manifestar el amor en ti cuando empiezas a dárselo a los demás y de esta manera va creciendo como una gran cadena, en la cual, el beneficiado es quien lo dio primero.

El amor crece hasta que se expresa. En tu vida, puedes llegar a sentir amor, pero para que ese amor que ya sientes pueda seguir creciendo, necesita ser expresado. El amor que solo se siente y no se expresa está estancado. El amor que se expresa es amor liberado y va haciendo eco en los corazones constantemente y cada vez va incrementando su magnitud. El amor, como todos los demás estados de ser, para que crezca, necesita compartirse y a medida que lo das, recibes aún más.

El amor es como una inversión y tú eres el proyecto. Invierte amor en tu proyecto para que recibas más amor en tu vida.

> *Las personas que más dan son las que más reciben. Atraemos a nuestra vida aquello que generamos. Si quieres amor, genera amor.*

El amor es adictivo. Ningún ser vivo puede no estimularse ante la experiencia del amor. Llega a ser como una droga, pero sin efectos secundarios y, al contrario, con muchos beneficios. Para llegar a ser un portador de amor, hay dos opciones. La primera es: piensa las situaciones que te harán experimentar amor, piénsalas hasta que llegue el punto en que los pensamientos se cristalicen en sentimientos y entonces pasarás de pensar en amor a sentir el amor. La segunda opción es: reúnete con personas que sean portadoras de amor y, por contacto continuo, la llama que ellos tienen encendida la encenderás tú también.

El amor es como una cuerda musical afinada en cierta frecuencia; la frecuencia es la que dicta el corazón; el instrumento musical eres tú, eres ese instrumento emitiendo dicha frecuencia o vibración de amor, vayas a donde vayas, tu frecuencia va contigo. Quienes no se sienten afines a tu frecuencia, poco a poco se van alejando de ti; quienes se sienten afines a tu frecuencia permanecen cerca; pero quien vibra cuando tú estás emitiendo tu frecuencia es quien permanece contigo. Muchas veces se llega a vibrar cuando se ve a alguien por primera vez y esa impresión que percibes es su ser, muchos lo llaman amor a primera vista. Muchas otras veces se necesita más tiempo y más circunstancias para que la vibración de ambos se pueda afinar en la misma frecuencia, pero cuando lo hace, la fuerza del amor se multiplica. El amor es una fuerza muy poderosa, energía vital, que cuando llegas a experimentarla y se queda en ti, creces en todas las demás áreas de tu vida.

El amor de tu vida

Te has preguntado alguna vez qué tan cierto es y el significado profundo de la expresión: "detrás de un gran hombre exitoso, hay una gran mujer". Quizá viene a tu mente ese pensamiento machista donde visualizas a una mujer hogareña y a un hombre que sale a buscar el éxito afuera. Sin embargo, no va por ahí. La mujer normalmente es el ser portador de amor, ya que el amor se manifiesta con más fuerza en el principio femenino, es decir, en el corazón. El corazón es territorio dominado por las mujeres, mientras que la mente por los hombres, y para poder triunfar en el mundo se necesita utilizar tanto la mente como el corazón. El hombre ya tiene la mente y es experto en usarla, pero normalmente no usa el corazón. Por esta razón, ambos se complementan y no solo el hombre puede ser exitoso, la mujer también. Ahora queda claro que detrás de un gran hombre exitoso hay una mujer que lo ama inmensamente y a medida de que el amor crece, el éxito lo hará.

Pero más que ir detrás, es necesario que la mujer vaya al lado del hombre, así él se siente amado, ella se siente guiada y ambos cosecharán el éxito en la misma medida, sin ser necesario que el hombre se lleve el crédito por todo, sino que es producto de los dos, es decir, el éxito es producto de la mente y el corazón; y entre más grandes sean estos, más éxito se atraerá. El hombre utiliza naturalmente más la mente y menos el corazón, la mujer hace lo contrario, razón por la cual se complementan.

La mejor mujer que puedes tener es aquella que te ame y a ti, mujer, el mejor hombre que puedes tener es aquel que te entienda. Ya lo sugirió Pitágoras: "escoge a una mujer de la cual puedas decir: hubiera podido escogerla más bella, pero no mejor".

El verdadero secreto para atraer el amor se encuentra únicamente en ti. Este no es atraído directamente por la mente, sino por el corazón. Muchas veces te aferras a que alguien específico te ame, sin embargo, no puedes influir sobre esa persona, si ella ha decidido no amarte, por más que te esfuerces para enamorarla, no lo lograrás. La ley de la atracción es más fuerte cuando se atrae desde el corazón, no desde la mente. Así que cuando piensas en atraer a alguien específico, no lo estás atrayendo desde tu corazón, lo estás atrayendo desde tu mente. Así jamás podrás enamorar a esa persona; la mente no puede enamorar, solo manipula. El corazón es quien enamora. El corazón atrae experiencias, no personas, es decir, te atraerá a esa persona que te haga sentir como tú ya eres. Y con base en lo que atraes, te das cuenta de los estados de ser que posees.

¿Qué tipo de persona es la que quieres atraer? Defínelo. Pero si quieres atraer a alguien que te ame, deja de odiarte tú mismo y empieza a amarte. Recuerda: únicamente atraerás a tu vida aquello que has sentido, es decir, aquello que ya eres. Un corazón portador de amor atrae a otro corazón portador de amor. Las personas afines se atraen porque tienen, mejor dicho, son lo mismo. De igual manera, quien no se soporta ni a sí mismo, atrae a alguien similar. Así que todo aquello que desees que tenga el amor de tu vida créalo primero en tu ser y, de esta manera, lo atraerás a tu experiencia.

Si deseas a alguien lindo, cariñoso, amoroso, tierno, apasionado, entusiasta, entre otros estados de ser y cualidades, entonces, conviértete en ello y así lo atraerás.

Conviértete en el estado de ser que deseas atraer. No busques afuera, busca dentro y encuentra afuera. Busca en tu esencia y encuentra en tu existencia. Busca en tu ser y encuentra en el mundo. Todo aquello que encuentres dentro, afuera lo atraerás.

Una vez que te ames, tienes toda la energía necesaria para atraer a alguien que te ame, es decir, atraer más de lo mismo. Entonces, cuando en tu vida hayas llegado a este punto, sal y acciona, no te quedes esperando que esa persona llegue a ti, búscala en algún gimnasio, clases de yoga, alguna fiesta. Como se dice comúnmente, si lo que quieres es pescar, sal a donde hay peces.

Llegará el momento en que atraerás el amor y, créeme, será grandioso, habrá valido todo por lo que has pasado; ese momento será para cosechar todo lo que has sembrado. Disfruta de ese amor y sé agradecido con el universo, así lo incrementarás día con día y te dará las fuerzas necesarias para lograr todo lo que te propongas. Bendiciones para ti que estás leyendo e imaginando amor.

El amor saca lo mejor de ti

¿Has escuchado decir o visto en la experiencia de otras personas que cuando te enamoras de alguien, te pareces cada vez más a ese alguien? De alguna manera, el amor establece un vínculo entre las personas. Por ejemplo, las personas que se aman entre sí llegan a ser como su amado, es decir, adquieren sus estados de ser. Pero no solo eso, son como su amado en existencia, es decir, que llegan a parecerse físicamente y esto podemos comprobarlo en los matrimonios que tienen muchos años de casados. Al pasar de los años, sus rasgos faciales se van afinando y las personas en cuestión llegan a parecer hermanos, cuando de jóvenes eran muy diferentes físicamente.

Cuando te enamoras de alguien, te enamoras de su ser. Es eso que él es y que no puedes definir, pero hace que lo ames. Te enamoras de eso que tiene y a medida que ames más eso que tiene, llegará a ser parte de ti. Por ejemplo, en una relación donde la mujer es cariñosa, agradable, sonriente y expresiva, y el hombre es próspero, genio, saludable, pacífico, seguro y firme; cuando el hombre es quien se enamora, accede a los estados de ser y cualidades de la mujer; si la mujer es quien se enamora, accede a los estados de ser y cualidades del hombre. Así que contrario a lo que se dice sobre que quien se enamora pierde, en realidad *quien se enamora es el que sale ganado*. Si se enamoran ambos, los dos ganan, los dos adquieren lo mejor de ambos.

También al contrario, si alguno de los dos llega a odiar al otro, éste pierde, ya que ahora se puede vincular con los estados del ego de su pareja, mismos que parecía que no existían cuando se estaba enamorado de ella. Si los dos llegan a odiarse, los dos pierden. Lo bueno de enamorarse es que se vincula solamente con los estados de ser y sus cualidades, no con los del ego, de la persona amada. Tu corazón adquiere las propiedades, habilidades, estados de ser y cualidades de la persona a quien amas. El amor es el vínculo.

Existen otras facetas de amor de vibración más elevada que las mencionadas al principio, por ejemplo, el amor a tus padres, a tu pareja, a tus hermanos, a tus amigos y a tus hijos. Resulta interesante que cuando los padres tienen un nuevo integrante en su familia, éste llega al mundo con un estado de ser auténtico. Para los padres es lo mejor y solo ven en él lo mejor, no es que estén ciegos para no ser capaces de ver errores, sino que lo ven a través de los ojos del amor, como el Bhagavad-Gita recita: "El amor, dicen, es ciego, pero no es exactamente así, el amor es un ojo extra con el que se ve tan solo lo que hay de bueno en el ser amado, permaneciendo ciego a todas su faltas."

Profundicemos en el tema del amor de padres a hijos. Cuando los padres tienen a sus hijos pequeños se convierten en personas tiernas, puras, lindas y felices. Esto se debe a que se convierten en lo amado, es decir, llegan a cristalizar los estados de ser de sus hijos, así como sus cualidades. A medida que los hijos van creciendo, se adquieren los estados de ser o del ego de sus padres, ya sea que los amen o los odien, ambos sentimientos establecen un vínculo. Por otro lado, cuando un niño nace en una familia muy conflictiva, pero es adoptado por una familia pacífica y nunca llega a tener contacto con su familia de origen, el vínculo con sus padres biológicos se rompe y se establece el vínculo con sus padres adoptivos; compartirá estados de ser con quien conviva y crezca, confirmando lo que se dice: eres el resultado de las personas con las que convives.

Existen muchos casos de padres que son odiados por sus hijos por algún tipo de comportamiento, violento por ejemplo, y resulta que a pesar de que el hijo se aleja del padre, mientras lo odia, esa violencia pasa a formar parte de su ego. También están los casos donde los padres son amados por sus hijos, por sus actitudes, como la honestidad y la lealtad; al pasar de los años, estos hijos se transforman en los estos estados de ser de sus padres.

> *Cuando odias a tus padres adquieres lo peor de ellos, pero cuando los amas adquieres lo mejor*

Indudablemente, para obtener lo mejor de todas las personas hay que amarlos a todos, incluso a los enemigos. De esta manera, tenemos lo mejor de ellos y lo mejor de nosotros, por lo que somos mejores. Cuando tu enemigo te odia, accede a lo peor de él y de ti, por ello, se encuentra en desventaja contigo. Dice Facundo Cabral: "ama hasta convertirte en lo amado y, más aún, en el mismísimo amor".

Lo que amas en tu vida, eso encuentras en ti y lo desarrollas en la medida en que lo amas. Si lo amas demasiado, lo desarrollas demasiado. Todas aquellas virtudes que posean las personas que tú amas, tú ya las posees. En consecuencia, si amas a todo el mundo, posees lo mejor de todos.

Un ejemplo muy común en nuestra sociedad es que la mayoría de las personas pobres tiene cierto odio consciente o inconsciente hacia las personas ricas. Esto lo notas al escuchar de sus palabras que relacionan a los ricos con los corruptos, malos y violentos. Tal como ya se mencionó, tanto el amor como el odio establecen un vínculo. La mayoría de las personas pobres establecen dicho vínculo con el ego de los ricos por el simple hecho de odiarlos, por lo tanto, conectan con lo peor de ellos y poco a poco lo van adquiriendo para su vida. Algo similar suele suceder con los niños que han sido violados de pequeños, llegan a odiar tanto a su violador que muchos de estos cuando crecen se han convertido en violadores, es decir, adquirieron lo peor de la persona con la que establecieron el vínculo. Volviendo al ejemplo de las personas que aún no tienen riqueza en su vida, si solo empezaran a amar a los ricos, su ser empezaría a cambiar adquiriendo las virtudes o cualidades de las personas a las que se ama y poco a poco se incluirían en un mundo de prosperidad.

> *Amémonos los unos a los otros, así tendremos todos lo mejor de todos*

Cuando lo que amas son objetos materiales y belleza física, tienes el poder de atraerlos y poseerlos, pero nunca serán parte de ti. No te enamores de la materia, se esfuma en poco tiempo. Mejor ama los estados de ser, serán parte de ti. Si amas la sabiduría, llegará a ti y serás un gran filósofo; si amas a la humanidad, te convertirás en humanista; si amas la justicia, serás un hombre justo; si amas la paz, serás una persona pacifista. Por eso, si vas a amar algo, ama lo que no se acaba, ama los estados del ser; éstos viven en los corazones de las personas, pero provienen del universo. En esto consiste en realidad lo que se conoce como amor platónico, no en tener un amor carnal inalcanzable para satisfacer tu deseo sexual, sino en amar las formas o ideas eternas.

Seguramente has escuchado sobre el caso que te voy a contar. Estaba una mujer cambiando la llanta de un vehículo, al que levantó con un gato hidráulico. Mientras maniobraba, su hijo pequeño se metió bajo del vehículo, sin que su madre se percatara. De pronto, el gato se barrió y el vehículo cayó sobre el niño, quien gritó al momento. Fue un microsegundo aterrador. La madre, ignorando por completo la lógica que le pudiera haber traído su mente, solo tuvo el impulso instintivo de salvar a su hijo y levantó el vehículo para que el niño saliera. Inmediatamente lo abrazo, hasta que dejó de llorar, y le curo las heridas.

Nuestro cuerpo está dotado de capacidades que están inhabilitadas y existe el potencial de generar mucha fuerza, usando la totalidad de nuestro sistema musculatorio, pero para ello necesitamos de un constante entrenamiento y un desarrollo adecuado con ciertas técnicas. La madre no contaba con nada de eso, no contaba con el entrenamiento, su cuerpo no estaba preparado para ello, sin embargo, lo único con lo que contaba era con el amor hacia su hijo, un amor tan fuerte que desafió sus condiciones y desarrolló momentáneamente un fuerza sobrenatural, creando ese acto irracional, impulsada únicamente por su corazón. Después de dicho evento, la madre se dio cuenta de que el amor que ella sentía por su hijo tenía intrínseco ese poder. Fue el amor cultivado durante un lapso de tiempo el que la hizo poderosa por un instante. La madre no se enfocó en el dolor de su hijo, se enfocó en el amor hacia él. Es posible que pienses que el amor en este punto no tiene nada que ver y que esto se debe a cuestiones físicas, como la hormona de la adrenalina, sin embargo, el amor está más allá de lo físico y no está en conflicto con ello. Definitivamente, en otra situación donde la madre estuviera con quien no hubiera un vínculo de amor, ésta no habría logrado esa proeza.

El amor nos hace sacar lo mejor de nosotros en todas las situaciones. Al experimentar el amor, hombres débiles se han llenado de fuerza; al experimentar el amor nuestro sistema inmunológico se hace más resistente. Se ha comprobado científicamente que al experimentar amor, nuestro cuerpo produce una hormona llamada *oxitocina*, conocida como "la hormona del amor"; ésta tiene una gran variedad de beneficios en nuestra vida, por ejemplo, tiene el potencial de que las personas de sexo opuesto se sientan atraídas por nosotros, de reforzar los vínculos entre hijos y padres, de fortalecer amistades e incluso de causar empatía en los animales. Sin duda, el amor muestra lo mejor de nosotros.

El amor saca lo mejor de los demás

Cuenta la historia que un rico empresario le había regalado a la madre Teresa de Calcuta la mitad de un terreno para que en éste hiciera todas sus actividades, como alimentar a los hambrientos, hacer oración, entre otras actividades sociales. La otra mitad la dejaría vacía, ya que tenía otros fines para esa tierra.

Un día, llegó a oídos del empresario que la madre se había metido a ocupar la otra mitad de la tierra. El empresario, furioso y renegando por los actos de la madre Teresa, aseguró que la pondría en su lugar y que la sacaría de la otra mitad del terreno. Un amigo le insistió en que no fuera, que dejara las cosas como estaban, pero él aseguró que pondría a la monja en su lugar. Decidió ir, a pesar de las advertencias de su amigo.

Por la tarde, regresó a donde su amigo con el rostro desencajado y lleno de incredulidad y asombro. Su amigo le preguntó qué había pasado. A lo que él solo dijo: le regalé la otra mitad. Entonces, su amigo le recordó la advertencia: sabía que ella te seduciría con sus palabras y te tocaría el corazón.

> *Cuando tu corazón acciona con amor, los corazones de las demás personas reaccionan con actos de amor*

Lo que sucedió fue que la madre, como gran personaje, poseía un estado de ser de amor increíblemente poderoso y podía transmitírselo a las demás personas que la rodeaban. Así que el empresario, al estar en contacto con la madre, que poseía dicho estado, se sintió tocado por el mismo. Este estado de ser era una mezcla que integraba amor, servicio y humildad. El empresario sintió lo que la madre sintió y reaccionó como el reaccionaría el amor.

La fuerza suprema

Nada ni nadie tiene dominio sobre el amor, el amor es la fuerza máxima que existe y quien llegue a vibrar en esa frecuencia será intocable por los de baja vibración.

En nuestra sociedad, cuando alguien te hace un daño, inmediatamente lo odias y odiándolo se establece un vínculo con la persona. Pero como el vínculo que hiciste fue de odio, adquieres lo peor de él, por lo tanto, le regresarás el daño, cobrando venganza, haciendo exactamente lo que él té haría, es decir, ahora eres como él. Pero al contrario, si alguien te hace un daño y tú le respondes con amor, adquieres lo mejor de él. Si él llega a amarte también, como tú a él, vivirán en armonía. Pero si él llega a odiarte, mientras tú le amas, como adquiere lo peor de ti, no podrá hacerte daño, por el hecho de estar en otra vibración. Como alguna vez dijo Buda: "el odio no disminuye con el odio, el odio disminuye con el amor".

Eres inmune a toda acción de maldad mientras permanezcas vibrando en amor. Si por alguna razón la acción que han hecho contra ti te hace odiar a tu agresor, es justo en ese momento del odio cuando eres vulnerable y te pueden hacer daño.

> *Dios es amor. Si el amor está contigo, ¿quién está contra ti?*

Si tu amor es verdadero y permanece siempre contigo, en tu corazón, no existirá el miedo, entonces, nunca atraerás situaciones de peligro, las repelerás de tu vida. El miedo genera desconfianza hacia la vida y se atrae aquello que se teme; como comúnmente se afirma: "del mal que huyes, padeces". Sin embargo, cuando amas, generas confianza con la vida misma y ella así te trata. El miedo deja de existir cuando el amor es manifestado, de la misma manera que el ego se apaga cuando el ser se enciende.

> *Amor supremo en su esencia más pura es cuando los impulsos del universo están sincronizados con los de tu corazón. En ese momento el amor te mueve*

La fuerza suprema dominante es el amor, el amor es quien mantiene todo en orden, quien da vida, quien mueve al universo, y aquellos que experimentan amor en su más elevada vibración son los que hacen toda clase de proezas inimaginables. Líderes de la magnitud de Jesucristo, Buda, Krishna y muchos otros han podido hacer lo que han hecho, únicamente porque han experimentado la faceta de amor supremo en su corazón, ese ha sido su estado de ser.

Experimentar el amor supremo es posible en todo momento y éste es el origen de la transformación. Cuando en tu vida experimentas una barrera o limitación, solo ámala. Amarla es aceptarla. Aceptarla es transformarla. Si te resistes a esa limitación, ésta permanecerá en ti. Resistirse es ir en contra de la situación y ésta seguirá en contra de ti. La idea es aceptar la situación y a partir de ahí utilizar el amor para transformar.

El secreto de la trascendencia es hacer lo que amas o amar lo que haces. Cuando puedes hacerlo, tu presencia no pasa desapercibida. Activa el amor en ti, en tu corazón a partir de ahora, enciende la llama del amor en tu corazón y mantén esa antorcha a donde quiera que vayas. El universo es amor y estamos hechos a imagen y semejanza, por lo tanto, tú también eres amor.

El amor es la energía que mueve al universo y mientras más amas, más poder posees, por eso el amor es la fuerza suprema.

Te amo y deseo lo mejor para tu ser.

Complemento interactivo: melodía de poder

Ahora reproduce la **Melodía Amor**, misma que puedes encontrar en el buscador de YouTube con el titulo _Melodía Amor - Los estados del Ser_ ó en el siguiente código QR que te manda a la lista de reproducción del material interactivo de la obra:

Conecta con el amor, siéntelo, déjate llevar por la música, trae a tu mente todas las escenas que te hagan sentir amor, crea nuevas escenas donde sientas amor y, por supuesto, tú seas el protagonista.

Puedes reproducir esta melodía tantas veces como sea necesario y escucharla tantos días como sientas que te haga falta. Recuerda que mientras más conectas con el amor, más amor surge de tu ser. Te recomiendo que después de la lectura escuches la melodía toda la noche, en modo de repetición, mientras estás durmiendo. Disfruta la experiencia.

CAPÍTULO NARANJA:

ESTADO DE SER FELICIDAD

Elemento interactivo: Ondas binaurales

Este capítulo incluye material interactivo que consiste en la reproducción de un audio de ondas binaurales, para potencializar tu poder de concentración. Este audio deberá reproducirse mientras se lee el capítulo, para hacer de la lectura una experiencia placentera. Reproduce la melodía llamada *Ondas binaurales para la concentración.*

Las ondas binaurales para la concentración las encuentras en el buscador de YouTube con el titulo *Ondas binaurales para la concentración - Los estados del Ser* ó en el siguiente código QR que te manda a la lista de reproducción del material interactivo de la obra:

Se recomienda que uses audífonos, para una mejor experiencia. Recuerda que la finalidad es disfrutar la lectura, ya que disfrutando aprendes mejor.

ESTADO DE SER FELICIDAD

¡Cuántas personas hoy día, se encuentran en busca de la felicidad y no la encuentran! Condicionan su felicidad a un logro, a una meta, a un objetivo. Lo declaran así: "Seré feliz cuando haya terminado la carrera", "seré feliz cuando sea alguien importante en la vida", "seré feliz cuando haya encontrado al amor de mi vida", "seré feliz cuando tenga mucho dinero", "seré feliz cuando compre mi auto del año", "seré feliz cuando viva en una casa propia", y así se despliega una lista interminable.

Ahora imaginemos a la persona que será feliz el día que se compre su auto de agencia. Llega el día en que lo compra y no halla qué hacer con su felicidad, festeja, celebra, comparte su alegría con sus seres queridos, lo publica en redes sociales por internet… Sin embargo, a medida que pasan los días, esa felicidad se va apagando poco a poco hasta que desaparece por completo y la persona vuelve a ser infeliz nuevamente. Lo mismo sucede con la mayoría de las personas que son empleados y solo viven esperando el fin de semana para poder ser felices; llega el fin de semana y son felices, disfrutan del momento, viven al máximo, pero posteriormente llega el inicio de semana y la pesadilla de la infelicidad comienza de nuevo.

Ejemplos hay miles y también hay millones de personas infelices que siguen buscando la felicidad. Buscan la felicidad en algo material, en otra persona, en una circunstancia, cuando la felicidad es algo personal, es interior, se debe de buscar únicamente adentro, en tu ser. Así que mira hacia adentro y búscala en ti.

La metáfora de la felicidad escondida

Cuenta una antigua leyenda hindú sobre la creación de la humanidad. Al principio de los tiempos, los dioses se reunieron para crear al hombre y a la mujer. Lo hicieron a su imagen y semejanza, pero uno de ellos dijo:

—Un momento, si vamos a crearlos a nuestra imagen y semejanza, van a tener un cuerpo igual al nuestro y una fuerza e inteligencia igual a la nuestra. Debemos pensar en algo que los diferencie de nosotros, de lo contrario, estaremos creando nuevos dioses.

Después de mucho pensar, otro de ellos dijo: —Ya sé, vamos a quitarles la felicidad.
— Pero ¿dónde vamos a esconderla? Preguntó otro.
— Vamos a esconderla en la cima de la montaña más alta del mundo, replicó otro.
— No creo que sea una buena idea, con su fuerza acabarán por encontrarla, agregó el primero.
— Entonces, ¡podemos esconderla en el fondo del océano!
— No, recuerda que les daremos inteligencia, con la cual, tarde o temprano construirán una máquina que pueda descender a las profundidades del océano.
— ¿Por qué no la escondemos en otro planeta que no sea la Tierra?

— Tampoco creo que sea buena idea, porque llegará un día que desarrollarán una tecnología que les permita viajar a otros planetas; así conseguirán la felicidad y serán iguales a nosotros.

Uno de los dioses, que había permanecido en silencio todo el tiempo y había escuchado con interés las ideas propuestas por los demás, dijo: — Creo saber el lugar perfecto para esconder la felicidad, un lugar en el que nunca la encuentren.

Todos le miraron asombrados y preguntaron: — ¿Dónde?

— La esconderemos dentro de ellos mismos, estarán tan ocupados buscándola fuera, que nunca la encontrarán.

Todos estuvieron de acuerdo y desde entonces, el hombre y la mujer se pasan la vida buscando la felicidad, sin darse cuenta que la llevan consigo.

Felicidad *vs* tristeza

Cuando somos niños nos es más fácil conectar con nuestro *ser*, razón por la cual experimentamos con los estados de ser con mayor facilidad. A medida que nos desarrollamos en nuestra sociedad, tiende a manifestarse más nuestro ego, por lo tanto, la felicidad se va perdiendo y pasa a ser ilusoria o por pequeños periodos de tiempo. En otras palabras, es posible pasar de un estado del ser a uno del ego y viceversa, como lo veremos en el siguiente ejemplo, solamente por la influencia de las personas con las que nos rodeamos.

Imaginemos a un adulto que llega estresado a su casa, angustiado y deprimido por su trabajo, por situaciones personales complicadas y por una posible crisis que se avecina, su corazón está realmente afligido; llega y lo recibe su pareja. En el fondo de una recámara se encuentra su bebé de apenas dos años. Él bebé está feliz por la vida, jugando con unos pequeños juguetes y en su mundo imaginario, no tiene preocupaciones por el pasado ni por el futuro, únicamente se encuentra disfrutando del momento presente. El padre se acerca a su hijo y llega el momento de la lucha entre sus dos estados: la felicidad del hijo contra la tristeza del padre o madre. Si has observado una situación como ésta, podrás darte cuenta de que resulta curioso que la tristeza del adulto nunca puede derrotar a la felicidad del hijo, sino que la felicidad del bebé termina transformando la tristeza del papá o mamá en felicidad. Es así como un estado de ser termina siempre venciendo a un estado del ego y lo jala hacia su nivel de vibración. Es ahí cuando el adulto se contagia de la felicidad de su hijo y siente el deseo de vivir, de luchar, de no darse por vencido y saca fuerzas desde su ser para seguir adelante. Esas fuerzas son la energía que produce la felicidad. El adulto se encuentra con la llama de la felicidad extinguida. Cada vez que el padre o la madre se acercan al hijo, esa llama apagada se enciende, el niño la vuelve a reactivar, contagiándolo con su energía, solo porque es parte de su estado de ser natural.

En ese sentido, la preocupación no se lleva tus problemas. No te funciona preocuparte si estás pasando por alguna situación difícil. La preocupación se lleva tu energía y tu felicidad. Conserva tu energía. Sé feliz.

¡Qué grandiosa es la vida cuando no necesitamos de alguien más para poder ser felices! ¡Qué grandiosa es la vida cuando la felicidad vuelve a ser parte de nosotros como cuando una vez lo fue, como cuando fuimos niños!

> *Las personas que tienen la felicidad en su ser son como un sol; su energía es ilimitada y además iluminan y llenan de energía todo lo que los rodea*

La causa del éxito

Lo diré brevemente: la causa es la felicidad y la consecuencia, el éxito. Cualquier persona, para poder crecer afuera, necesita crecer primero hacia adentro. Primero necesita ser feliz. Ya que la felicidad es una fuerza y energía que nos impulsa cada día. Un hombre feliz llega más lejos porque tiene más energía. El éxito es un destino, pero la felicidad es el camino. Analiza a todas las personas que han logrado sus metas y nota cómo lo que tienen en común es la felicidad en su ser.

Como ya deduces, la felicidad atrae más felicidad y el éxito nos hace felices, por lo tanto, las personas exitosas son las que son felices. Las decisiones más importantes en la vida son aquellas que nos generan felicidad, cuando lo estás haciendo, ya eres una persona exitosa. Afirmaba Joseph Campbell: "Siga su felicidad y el universo abrirá puertas ante usted donde previamente solo había paredes".

¿Has notado que siempre un vagabundo pide dinero, es muy poca gente la que le da? Esto no se debe a que pedir no sea un trabajo, sino a que pide de una manera que no es correcta para generar más. Pide ayuda partiendo de la tristeza como estado del ego, de la lástima. Inconscientemente, las personas no lo ayudan porque sería contribuir a su lástima y a nadie le agrada hacer eso. Además, si el vagabundo pide ayuda partiendo de la lástima solo atraerá ayuda que reafirmará esa lástima que él siente por sí mismo, es decir, atraerá miseria, por lo tanto, muy poco dinero. La vida es como un espejo y nos da aquello que le pedimos, sin embargo, lo que le pedimos no está expresado por nuestras palabras, sino por el corazón. En otras palabras, cuando se pide lo que sea partiendo de la miseria, en realidad se está pidiendo miseria. Tal como decía Baruch Spinoza: "Si quieres que la vida te sonría, apórtale primero tu buen humor".

Contrario al ejemplo anterior. Una vez, estaba yo esperando a que un semáforo cambiara a luz verde, cuando vi a una niña acercarse al auto que se encontraba delante del mío; se le veía muy feliz porque lograba su objetivo. Cuando se acercó a mi auto, inmediatamente pensé lo que le diría para no darle ninguna de mis monedas; se acercó sonriente y mirándome con seguridad. Supuse que tenía apenas siete años. Me impactó con lo que me dijo y la forma en que lo hizo: "Señor, mi mamá va a cumplir años y no tengo dinero, pero usted sí tiene y quiero hacerla muy feliz; necesito su ayuda, ya que quiero comprarle un auto, por eso es que quiero, por lo menos, un billete de cien pesos de su parte".

Mientras decía eso, su rostro expresaba felicidad y emoción. En ese instante, sin pensarlo, le di el billete más grande de mi cartera, pese a que antes de acercarse a mí pensé que no le daría ninguna moneda. Después de que me agradeció, se fue al siguiente auto y vi por el retrovisor cómo consiguió dinero de manera fácil. Definitivamente esa niña tenía algo y ese algo era felicidad. Cuando pedía ayuda desde su estado de ser natural, generaba ayuda inmediatamente y el simple hecho de ayudarla me hizo sentir feliz, así que contribuí rápidamente, sin razonar mi acción, solo seguí el impulso de mi corazón. Estoy seguro que esa niña juntó el dinero para comprarle el auto a su madre.

> *La felicidad atrae circunstancias que te darán más felicidad, así que la mejor inversión se encuentra en tu corazón y es tu felicidad, ya que esta atraerá más de lo mismo*

Las personas suelen ponerse metas y aseguran que, una vez alcanzadas, serán felices, pero las cosas funcionan exactamente al revés: siendo feliz alcanzarás las metas. Puesto que la felicidad es la energía que te impulsa, te hace acercarte más a tu éxito. Estudia a las personas exitosas y nota que ellas son felices, no desde que alcanzaron su éxito, sino que lo han sido momento a momento y así el éxito ha llegado como consecuencia. Sin duda, la felicidad es el combustible del éxito.

Volver a ser niños

Decía Jesucristo a sus discípulos: "Yo os aseguro: si no cambiáis y os hacéis como los niños, no entraréis en el reino de los cielos". El reino de los cielos es vivir en el estado de ser felicidad, al que solo acceden los que tienen corazón de niño, a los que viven en el aquí y el ahora. Cuando se encuentran en el momento presente, todo, absolutamente todo es posible.

Desde que nace un niño, lleva implícito consigo el estado de ser más natural que existe: la felicidad. Los niños son felices naturalmente, no hay nada que los perturbe, no hay razones que los preocupen. Para ellos, no hay pasado entristecedor ni futuro incierto, únicamente viven disfrutando el momento presente y es precisamente en el goce del momento presente donde se encuentra la felicidad.

> *Busca en tu ser, todo lo demás vendrá por consecuencia*

El estado de ser felicidad es el más natural en la niñez, los niños son felices en su ser. No necesitan algo externo para expresar su felicidad, pues proviene de adentro. Tampoco necesitan a alguien más para ser felices, su felicidad es personal. Son felices porque esa es su naturaleza. Todos fuimos niños y a medida que crecimos, debido a condicionamientos mentales, la felicidad nos fue arrebatada por los paradigmas de la sociedad y nuestro sistema, y tendemos a buscarla en todas partes, excepto en nosotros, donde en realidad se encuentra.

Llevar la felicidad en nuestro corazón es una bendición. Ser niño es una bendición. Volver a ser niño lo es aún más. Cuando una persona es feliz, es capaz de contagiar a los demás, de manifestar más felicidad por y para el mundo, y a donde quiera que vaya, será bien recibido. Por eso, los infelices se encuentran solos, mientras que las personas felices están acompañadas.

Un adulto que vuelve a ser niño es un ser que se ha reencontrado con su poder, un ser que no tiene barreras ni limitaciones, que puede lograr todo lo que pueda imaginar.

Los niños son el futuro de la humanidad, los niños de edad y los niños de corazón. Por ello, si te falta felicidad, convive con quienes la tienen, convive con los niños

---

Albert Einstein, a pesar de su edad avanzada, permanecía con espíritu de niño, era un anciano extremadamente curioso por saber cómo funcionaban las cosas y fue ese espíritu el que lo llevó a trascender en nuestra humanidad. Volvió a ser niño, entró al reino de los cielos y manifestó nuevamente el estado de ser felicidad.

Otro caso es el de Donald Trump, quien confiesa que al hacer negocios e inversiones él nunca los considera trabajo, sino que se divierte como niño cuando hace negociaciones, juega y, a su vez, construye un imperio de riqueza, solo porque es feliz.

La ciencia ha demostrado que los deportistas, cuando disfrutan lo que hacen, logran mejores resultados. Cuando son felices en sus actividades, las desempeñan de una mejor manera.

La felicidad es un alimento que proporciona energía extra, incluso más allá, proporciona energía ilimitada. Tu energía es ilimitada mientras tu felicidad esté contigo. ¿Por qué crees que los niños son imparables y parece que tienen una pila que, además, es inagotable? El secreto de su energía radica en su ser, en la felicidad. Los niños se olvidan de comer por ser felices. Inconscientemente saben que obtienen más energía de momentos divertidos que de un platillo de comida.

Efectivamente, a los niños no se les acaba la pila y entre más felices sean más energía tienen. Para que a un niño se le acabe la energía, solo hay que hacerlo sentir triste, asunto que no es conveniente ni recomendable, aunque tanto los padres como la sociedad parecen tener esa consigna.

> *Así como la alimentación es necesaria para tu desarrollo, la felicidad también lo es*

Rodéate de personas felices

Cuesta mucho trabajo mantener la felicidad en todo momento. Es muy probable que te haya sucedido que estás muy feliz, luego te reúnes con un amigo o familiar con el cual conversas; después de un tiempo, toda la felicidad y entusiasmo que tenías han desaparecido. Te sientes apagado y débil. No comprendes cómo pasaste de la gran felicidad a la tristeza. Curiosamente, siempre que te reúnes con esa persona, te sucede lo mismo. Existen este tipo de personas que marchitan tu felicidad (es probable que tengas muchas en tu círculo social y día a día convivas con ellos); los encuentras como compañeros de trabajo, amistades y familiares. Te confirmo que tu ser está influenciado por las personas con quienes convives y es encendido o apagado por esas personas. Muchas personas afirman con respecto a esto, que cada quien es el resultado de las siete personas con las que tiene mayor convivencia. Analiza cómo es la gente con la que te rodeas.

Cuando un niño nace, como ya sabemos, es feliz por naturaleza y hace felices a todas las personas que se encuentran a su alrededor, incluso cuando su familia está formada por personas infelices. Este niño, que ha nacido en una sociedad donde abundan las personas infelices, a medida que crece, solo tiene tres opciones o posibilidades. La primera es ser contagiado por la tristeza de su núcleo familiar y adquirir la tristeza como estado de ego. La segunda opción es transformar a toda su familia o demás personas en seres felices, aunque esto no siempre es posible, ya que son muchas fuentes energéticas contra una sola. Por eso, la tercera opción es la más viable y consiste en alejarse de todas las personas que contribuyen a sus malestares. Con esto, parece que se confirma lo que dicen comúnmente: "mejor solo que mal acompañado".

Al estar mal acompañado, pierdes incluso hasta tu propia energía y experimentas emociones negativas. Experimentar emociones negativas y vivir con ellas es señal de baja vibración, es señal de poca energía. Al estar solo contigo mismo, al menos estás con tu propia energía y no la estás perdiendo. Por eso, aléjate de todas esas personas que te hacen daño, aléjate de las personas tóxicas en tu vida, aléjate de todos los vampiros energéticos que drenan tu energía con solo estar en contacto con ellos. Aléjate de quienes te perjudican, sean compañeros, amigos o incluso miembros de tu familia. Hazlo por ti, hazlo por tu felicidad. Te lo mereces.

Si te identificas con los ejemplos en los que estás rodeado de personas que solo te mantienen vibrando bajo, es necesario definir qué es lo que quieres para ti y si crees que puedas lograrlo estando con ellos. Si no puedes encontrar a personas como las que quisieras que estuvieran alrededor de ti, se debe a que no has dejado ir o no te has alejado a los seres negativos. Es necesario estar solo por un tiempo y mantener la felicidad personal vibrando, ten por seguro que las personas adecuadas llegarán a ti. Decía La Rochefoucauld: "Conocer las cosas que lo hacen a uno desgraciado, ya es una especie de felicidad". Más que las cosas, son las personas las que te hacen desgraciado, por eso aléjate de las personas equivocadas, para que lleguen a tu vida las indicadas.

Definitivamente, cuando eres feliz, logras más cosas en tu vida, obtienes mejores resultados. Cuando la llama de la felicidad se apaga en ti, te sales del camino y estas más lejos de tu destino. Cuando la llama de la felicidad está ardiendo en tu corazón como una antorcha, estás en el camino hacia el éxito.

Te conviene ser feliz por muchas razones. Si quieres ser exitoso, necesitas ser feliz; si quieres atraer a tu vida una persona feliz, si quieres que se te abran las puertas de la prosperidad, si quieres trascender, necesitas ser feliz.

Una vez que eres feliz, tienes el poder de atraer más personas felices a tu vida, en ese momento, has dado un salto cuántico. Cuando estás con ellos, no solo tienes tu felicidad, sino también la de ellos y ellos la tuya. Y ésta no solo se suma, se multiplica.

> *Cuando dos o más personas felices se reúnen, hacen de la vida en la tierra un paraíso y pueden lograr todo aquello que se propongan. No tienen límites*

Seguramente has escuchado historias como que cuando el hombre vivía en el paraíso, era feliz. Durante miles de años, las religiones se han encargado de tergiversar la verdad, robándote tu felicidad que por derecho divino te pertenece y como decía Jesucristo: "el reino de los cielos está dentro de ti". Este reino lo manifiestas al ser feliz y así la vida se convierte en un paraíso. Porque la vida es un reflejo de lo que llevas dentro. Si eres feliz, tienes un paraíso en ti, entonces la vida se equilibra en sintonía con tu interior, se refleja.

Así que ya lo sabes, ahora que eres feliz, rodéate de personas felices. De esta manera, juntos podrán incrementar su energía a niveles inimaginables. Lo sabrás por la cantidad y calidad de energía que experimentarás. De hecho, la puedes intuir y sentir mientras estás leyendo.

La felicidad está en el dar

Quizá resulta ilógico pensar que la felicidad está en el dar, ya que cuando das, lógicamente "pierdes" algo. Entonces, la mente concluye: dar es perder y en el perder no hay felicidad. Nadie es feliz cuando pierde, solamente eres feliz si ganas, por lo tanto, eres feliz si recibes, no si das. Es comúnmente razonable pensar de la manera anterior. El detalle es que la felicidad no está en la razón, la felicidad no está en tu mente, está en el corazón y éste no usa la lógica.

> *La felicidad no es un estado mental, es un estado emocional permanente, es decir, un estado de ser*

Muchos hombres analíticos de nuestro mundo afirman que solo las personas ignorantes son felices. Dejan en claro que, a pesar de tener conocimiento, son infelices, pero prefieren el conocimiento sobre la felicidad. Estos hombres, a pesar de tener conocimiento, ignoran algo tan básico como que la felicidad no está en la mente y que el conocimiento no ha desplazado a la felicidad. Yo era uno de estos hombres analíticos, hasta que dejé de cultivar únicamente la mente para cultivar también el corazón y descubrir que ahí está la felicidad. Se puede tener conocimiento y ser feliz. Se puede estar equilibrado en mente y corazón. Se pueden desarrollar ambos.

El universo es abundante y tiene todo para todos. Nos da todo aquello que le pedimos. Cuando nosotros damos algo, nos comportamos como el universo, nos comportamos de manera abundante. El hecho de dar es una señal de que tenemos algo. Nosotros no podemos dar lo que no tenemos. Si, por ejemplo, no tienes un millón de pesos, ¿cómo se lo vas a dar a quien te lo pida o a quien se lo quieras regalar? El secreto de la felicidad en el dar está en que cuando das algo y sientes felicidad al darlo, ésta atraerá a ti nuevamente felicidad, es decir, si eres feliz al dar, atraerás a tu vida la experiencia de felicidad al recibir, lo cual te hará más feliz y no solo recibes lo mismo que has dado, lo que recibes llega multiplicado porque la cantidad de felicidad que diste se multiplica por la cantidad de quien recibe.

Como ya dijimos, el universo es abundante y tiene de todo para todos. Éste reacciona en la medida en que tú accionas. Dar es accionar y recibir es la reacción del universo hacia ti. Como lo dice la tercera ley de Newton: "A toda acción corresponde una reacción". De igual manera, a todo acto de dar corresponde uno de recibir. Recibes lo que das.

La felicidad está en dar. Si das con felicidad, lo que das regresa multiplicado a ti. El dar te hace feliz porque consciente o inconscientemente sabes que te espera lo mejor. Si, por ejemplo, le das a un niño un juguete que le hará sentir mucha felicidad, tu felicidad aumentará por que no diste un juguete, lo que diste es felicidad.

Te pregunto, le pregunto a tu ser: ¿qué tienes tú para dar? Para responder esto, ¿han venido a tu mente cosas físicas como ropa, comida, medicina o dinero? Pues también tienes para dar cosas esenciales como amor, alegría, tranquilidad, entre otras tantas bondades. Ahora te pregunto: ¿qué quieres recibir, qué quieres multiplicar? Recuerda que lo multiplicas en el plano físico y en el plano emocional: si das comida, recibirás alimento, si das felicidad, recibirás felicidad.

Como ya se explicó, el secreto del éxito radica en la felicidad. La felicidad es energía, por lo tanto, a mayor felicidad, mayor energía; mientras más felicidad otorgas a las personas, más regresa a ti; de esta manera tienes mucha más energía para poder lograr lo que quieras o formar otros estados de ser, por ejemplo, *el estado de ser prosperidad.* Ya sea desde las razones del ego o desde los impulsos del ser, experimentar felicidad te conviene, así que te lo repito una vez más: "la felicidad está en al dar" y ahora es el momento de actuar. ¡Hazlo! Siéntete feliz, te lo mereces.

Sé feliz ahora

¿Qué es lo que limita tu felicidad?, ¿tu trabajo, tu falta de estudios, el dinero que ganas, las personas que te han rodeado, la vida que te tocó vivir? Es tiempo de que abras los ojos y reconozcas que lo único que te impide la felicidad eres tú mismo, ya que la felicidad es exclusivamente una elección. Puedes ser feliz solamente porque lo has decidido. Decide serlo y verás cómo todo lo que te rodea cambiará; solo porque has cambiado tú, cambiará tu trabajo, la vida, las circunstancias, tu prosperidad económica, tus relaciones; todo será mejor solo porque eres niño nuevamente, así que bienvenido a este maravilloso estado de ser, en el cual reconoces que puedes hacer de tu vida algo mágico, un paraíso en la tierra.

Has todo aquello que te haga feliz, como ir al cine a ver una película, ayudar a tu vecino a tirar la basura, pasear con tu perro en el parque, divertirte con tu mejor amigo, amar a tu pareja, prepararte un platillo especial, comprarte ropa nueva, ir al *spa*, asistir a meditación, escalar, hacer ejercicio, ir a talleres y conferencias, crear una fiesta, jugar con niños, estar contigo, estudiar un idioma, viajar, escribir canciones, poemas o un libro… ¿Qué te hace feliz?

Sé feliz porque tienes una vida que vale, porque te lo mereces. Sé feliz para hacer felices a otros, para atraer felicidad, para divertirte, para estar saludable, para ser exitoso, para cumplir tus sueños, para ser libre, para atraer el amor a ti. Sé feliz por todo lo bueno que tienes, por todo aquello que te emociona, porque lo eliges, por ti. Porque una vez lo fuiste en plenitud y mereces serlo siempre.

Llena tu corazón de felicidad y esparce esa felicidad a todo lo que haces. Si lo haces, definitivamente serás de las personas que dejan huella, que no pasan desapercibidas, que logran trascender, que se quedan en los corazones de los demás para siempre. La felicidad está en ti, está en tu corazón. La felicidad eres tú. ¿Recuerdas la metáfora de la felicidad? Ahora que ya la tienes, eres similar a los dioses. Ahora todo lo tienes. Bendiciones para ti. Deseo toda la felicidad para tu ser.

Complemento interactivo: melodía de poder

Ahora reproduce la **Melodía Felicidad**, misma que puedes encontrar en el buscador de YouTube con el titulo _Melodía Felicidad - Los estados del Ser_ ó en el siguiente código QR que te manda a la lista de reproducción del material interactivo de la obra:

Conecta con la felicidad, siéntela, déjate llevar por la música, trae a tu mente todas esas escenas que te hagan sentir feliz, crea nuevas escenas donde sientas felicidad y, por supuesto, tú seas el protagonista.

Puedes reproducir esta canción tantas veces como sea necesario y escucharla tantos días como sientas que te haga falta. Recuerda que mientras más conectas con la felicidad, más felicidad surge en tu ser.
Disfruta la experiencia.

Capítulo Amarillo:

Estado de ser Prosperidad

Elemento interactivo: Ondas binaurales

Este capítulo incluye material interactivo que consiste en la reproducción de un audio de ondas binaurales, para potencializar tu poder de concentración. Este audio deberá reproducirse mientras se lee el capítulo, para hacer de la lectura una experiencia placentera. Reproduce la melodía llamada *Ondas binaurales para la concentración.*

Las ondas binaurales para la concentración las encuentras en el buscador de YouTube con el titulo *Ondas binaurales para la concentración - Los estados del Ser* ó en el siguiente código QR que te manda a la lista de reproducción del material interactivo de la obra:

Se recomienda que uses audífonos, para una mejor experiencia. Recuerda que la finalidad es disfrutar la lectura, ya que disfrutando aprendes mejor.

ESTADO DE SER PROSPERIDAD

Si en este momento te encontraras un genio en una botella y éste te dijera que puedes pedir un deseo, ¿qué le pedirías, teniendo en cuenta que solo tienes cinco segundos para realizar tu petición? Casi todo el mundo, excepto unos cuantos y los niños, pedirían dinero, mucho dinero.

A pesar de ser algo deseado por muchas personas, son muy pocas quienes realmente llegan a obtener en su vida el dinero en abundancia. Curiosamente, millones de personas piensan en dinero; su cerebro constantemente piensa en billetes, sin embargo, no logran materializarlos. Para poder crear algo en nuestra vida no solo es necesario pensarlo; para atraerlo, hay que sentirlo. Nuestro cerebro y corazón necesitan estar en armonía y crear juntos. En otras palabras, ¿de qué te sirve pensar en dinero e ilusionarte si te sientes mal cuando lo haces? La gente que piensa en dinero, la mayoría, se siente mal; unos porque no lo tienen y están experimentando escasez, otros porque lo ven como algo lejano que solo es parte del mundo de los sueños, es decir, piensan en dinero, pero experimentan la escasez constantemente en su ser.

¿Cómo podrás atraer dinero a tu vida si piensas en él, pero sientes lo contrario? Estás en conflicto contigo mismo. Tu cerebro está en conflicto con tu ser. Es como con un automóvil en donde tu cerebro es la dirección del mismo y éste está mirando hacia adelante, hacia su destino, pero tu corazón, que es el motor, se encuentra en la velocidad de reversa. Así, aunque esperes avanzar, retrocederás. La escasez es la reversa, mientras que la prosperidad son los cambios hacia adelante. El nivel de prosperidad que sientes determina el cambio o velocidad en el que te encuentras, es decir, la velocidad con la que llegarás a tu meta.

Durante milenios, se han propagado ideas como: "el amor al dinero es la raíz de todos los males". Con este tipo de ideas, u otras similares, nuestro inconsciente interpreta que si eres rico, te sucederán cosas malas; y es labor de nuestro inconsciente protegernos de lo que cree que será dañino, por eso, si tenemos arraigadas ideas de este tipo, nuestro ser tiende a alejarnos de la prosperidad. Las personas con mentalidad religiosa llegan a pensar que el dinero es malo porque se apodera de su corazón y por eso se sataniza tanto, cuando la realidad es que el corazón es capaz de crear prosperidad y, de esta manera, manifestar dinero en tu vida y riqueza en general.

> *Cuando la prosperidad está instalada en tu ser, el dinero solo es una consecuencia*

El reino de los cielos, donde todo es posible, está en tu corazón. Al saber utilizar el corazón, atraerás a tu vida todo aquello que desees. El secreto está en experimentar la prosperidad y todas las cosas materiales de riqueza vendrán por añadidura. Busca esa prosperidad dentro de ti y manifiéstala en tu vida.

Recupera tu poder

Tu poder personal es toda la energía que posees, toda la energía que irradia tu ser. Lamentablemente, esta energía se pierde por algunas situaciones. De nada nos sirve tener una conciencia acerca de cómo funcionan las cosas si no poseemos la energía. Los conocimientos sin energía en tu ser de nada sirven. Por esto, para recuperar tu poder se recomienda sanar esas situaciones que drenan tu energía. A continuación, se muestran algunos caminos para comenzar a recuperar tu energía, que más tarde se verá reflejada en tus circunstancias materiales.

El primer paso es liberarte de tus deudas. Liberarte de la energía atorada por los acuerdos no cumplidos y comenzar a experimentar algo diferente que frustraciones y fracasos. Para poder experimentar la prosperidad en tu vida es necesario que la sientas, así la sensación atraerá la experiencia. Aunque para sentirla es indispensable estar limpio antes, estar libre de preocupaciones, de deudas. Si no tienes riqueza material, pero tampoco deudas ni preocupaciones, entonces ¡bienvenido, estás listo para el siguiente nivel! Pero si careces de riqueza y aun así tienes deudas, antes de emprender el viaje a generar riqueza ilimitada, primero requieres liberarte de tus deudas, de lo contrario, experimentarás fugas energéticas en ti frecuentemente. Por lo tanto, no tendrás energía suficiente para sentir prosperidad en tu corazón, mucho menos para atraerla.

Para experimentar la prosperidad, necesitas ser libre primero, libre de toda clase de deudas. Así que empieza por pagar, poco a poco; de esta manera, tu acreedor ya no tendrá poder sobre ti. Sí, tal como lo has leído, cuando estás endeudado con una persona, a ésta le has cedido poder sobre ti.

La deuda es una manera de controlar el mundo. Cuando un país está endeudado con otro, también es controlado por el mismo. De igual manera sucede entre una persona y otra

---

Cuando has solicitado un préstamo a otra persona, como ya sabes, tarde o temprano tendrás que pagarle y lo harás de alguna manera, quieras o no. Si te reúsas a pagar tus deudas con dinero, terminarás pagándolas con tu propia energía, lo cual es peor. Se tiene que restablecer el equilibrio del acuerdo. Definitivamente, es mejor perder una cantidad de dinero que perder la energía, que es muchísimo más valiosa si sabes utilizarla.

Estar endeudado es aceptar inconscientemente que alguien más tiene poder sobre ti y tú se lo has otorgado al endeudarte. Entre más deuda tienes, menos energía tienes. La deuda trae consigo preocupación, angustia, escasez, malestar y muchas más cualidades de los estados del ego para el deudor, es decir, trae bajas vibraciones, mientras que para el acreedor trae seguridad, control y poder, altas vibraciones. Inicialmente, ambas personas que llegan a un acuerdo en un préstamo pueden encontrarse en situaciones energéticas similares, pero después de que uno se endeuda con otro, el endeudado baja su energía, mientras que el acreedor la sube. Como ves, el dinero es poder, es poder para quien sabe utilizarlo a su favor y es debilidad para quien no sabe las consecuencias de sus acuerdos, y peor aún, si los rompe, si no los cumple.

Actualmente, hay millones de personas endeudadas, utilizando dinero que no tienen. Debido a que el dinero es energía, utilizan la energía de alguien más, por lo que ese alguien más crece económicamente. Con esto no quiero decir que las deudas sean malas, solo son energía y si las sabes utilizar puedes beneficiarte también, pero es necesario que conozcas las consecuencias.

El gran secreto energético detrás de las deudas y de las tarjetas de crédito es que pierdes energía, energía que alguien más gana. Adquirir una deuda o una tarjeta de crédito (que también es una deuda) es firmar un contrato energético amparado por algo físico (un pagaré o la tarjeta). Las consecuencias de endeudarte no siempre vienen en las letras chiquitas, es algo energético y, por lo tanto, invisible. No te has endeudado solo físicamente, te has endeudado energéticamente y experimentas las cualidades de los estados del ego, mientras que los acreedores experimentan las de los estados del ser. Como ya hemos dicho, seguirás atrayendo lo que experimenta tu corazón.

> *Si una deuda te hace sentir malestares, angustia y desesperación, no la ignores, pues ésta seguirá ahí. La manera de liberarte de ella es pagándola o renegociando con tu acreedor*

Para experimentar la prosperidad en tu vida, es necesario que tapes todas las fugas energéticas que te hacen drenar tu energía. Paga todas tus deudas con instituciones, con amigos, con quien sea y, si no tienes manera de pagarlas, haz acuerdos, haz nuevas negociaciones. Es importante que el acreedor vea tu disponibilidad de pago. Como dicen: "un buen pagador, hasta con piedras paga". Pagando, definitivamente descansas. Vivir sin deudas es vivir mejor y la vida se trata de vivirla intensamente.

Una vez que te has liberado de tus deudas, bienvenido al camino de la prosperidad. Ahora sí estás listo para crecer en grande. Ahora tienes toda la energía para experimentar la riqueza en abundancia. Te felicito.

> *Pagar tus deudas es como perdonar, hasta que lo haces te sientes libre y es necesaria la libertad para poder sentir la prosperidad en su máxima expresión*

Otra manera de recuperar tu poder en el camino hacia la prosperidad en todas las áreas de tu vida es liberándote de tus limitaciones mentales, de tus paradigmas y creencias.

La mayoría de las personas tiene ideas en las que la escasez y la pobreza son resaltadas como virtudes y la riqueza es satanizada. Según la información que tengamos en nuestra mente, nuestro ser trabajará por nuestro bienestar. Es importante saber que muchas personas alcanzan dicho bienestar sin poseer riqueza material; esto se debe a que en su mente están cristalizadas ideas como: "bienaventurados los pobres porque de ellos es el reino de los cielos" y "es más fácil que entre un camello por la ojiva de una aguja que un rico a las puertas del cielo". Si frases de este tipo resuenan en tu vida y experimentas pobreza, seguro que en tu inconsciente tienes sembradas dichas ideas. Para eliminarlas, requieres ser consciente de que no funcionan para atraer riqueza.

El reino de los cielos donde existe la abundancia de oro está en tu ser y necesitas sentir la prosperidad en tu corazón para manifestar la riqueza en tu vida

Resulta interesante que las personas que más piensan en dinero son los pobres, sin embargo, cada pensamiento que tienen acerca del dinero los hace sentirse escasos y por eso alejan la riqueza de su vida. Si piensas en dinero y te quejas del mismo, es una señal de que no estás preparado para experimentar la prosperidad. Muchas personas desean ser ricas, pero viven criticando a los ricos y tratándoles como seres viles; ¿qué mensaje crees que le están enviando al universo? Esto es muy similar a cuando las mujeres desean encontrar el hombre perfecto y al mismo tiempo viven quejándose de que todos los hombres son iguales; así no lo encontrarán. En este sentido, para que una persona atraiga, por ejemplo, el hombre o la mujer de su vida, requiere primero sentir amor en su ser. Asimismo, para atraer riqueza, requiere sentir la prosperidad.

El odio repele y el amor une. Si de alguna manera odias a los ricos y la riqueza, ambos se alejarán de ti. Mas al contrario, si los amas, los atraerás a tu vida

---

Cerebro y corazón deben estar afinados para manifestar el poder de atracción. Como ya te mencioné: tú eres un vehículo en el que tus pensamientos son la dirección, es decir, el volante, mientras que tu corazón es el motor. Pensar en riqueza y sentir escasez es tan estúpido como estar enfocado en avanzar mientras que tu vehículo está en reversa; para avanzar necesitas un cambio hacia adelante, necesitas sentir la prosperidad; así, mente y corazón van en la misma dirección.

Cuando sientas escasez al pensar en riqueza, ésta se alejará de tu vida, ya que el poder de atracción del corazón es más fuerte que el del cerebro. El secreto de la religión para mantenerte pobre es que te ha hecho asociar la riqueza con maldad, con el infierno y con todas las cosas negativas y como tu ser se encarga de tu propio bienestar, ha decidido alejarse de la riqueza para protegerte. Sin embargo, la religión no es la culpable de tu pobreza, tú eres el responsable de tu ignorancia y es ésta quien te ha llevado a la pobreza. Es necesario que tomes responsabilidad total de cada acto de tu vida y que estés consciente de que todo lo bueno o malo que te sucede depende únicamente de ti.

La mentalidad religiosa no funciona para manifestar riqueza. El "temor de Dios" sigue siendo miedo y el miedo no es una opción para el desarrollo de tu ser. El ser religioso es ser dependiente de las ideologías que promueve la iglesia. También el ser ciudadano es ser dependiente de las ideologías que promueve el gobierno. El ser estudiante es ser dependiente de las ideologías que promueven las escuelas. Lo que requieres es liberarte de todas esas maneras de pensar. El gobierno nunca te ayudará a que mejore tu economía, de hecho, siempre estará enfocado en lo opuesto. Como te dije antes, solo depende de ti. Si suben los impuestos, si aparece una crisis, depende de ti mantenerte en estado de prosperidad y tomar acción para que nada ni nadie te pueda afectar.

El hecho de que actualmente tu condición sea de pobre, no quiere decir que no hay dinero, lo que quiere decir es que tú no lo tienes, dinero hay cada vez más y éste se sigue imprimiendo día con día. Si este no llega a ti, se debe a tu mentalidad. La falta de dinero no es un problema, el problema es tu ser ante la riqueza. Tu actitud y mentalidad es el problema. La falta de dinero es una consecuencia que refleja que en tu ser no haya prosperidad. Ya no desarrolles la carencia, es tiempo de desarrollar la abundancia, no solo en la economía, sino en todas las áreas.

La educación tampoco te servirá de mucho para manifestar riqueza, la educación solo te ayudará a convertirte en dependiente de una profesión.

Imagina la siguiente situación. Existe un hombre que se ha pasado estudiando gran parte de su vida, ha terminado una carrera, posteriormente una maestría y un doctorado. Al final de los estudios, termina trabajando para una empresa en la que recibe un sueldo estable, con el cual puede vivir cómodamente y darse lujos, sin embargo, para ello necesita trabajar y ejercer constantemente su profesión. Ahora imagina a otro hombre que apenas sabe leer y escribir, ha aprendido solo de lo que ha vivido, pero ha desarrollado una actitud fuerte, segura y agradable; ha montado unos negocios y ha crecido, le ha ido bien económicamente, tanto que se ha convertido en un empresario multimillonario, ha creado fundaciones y hoy es un hombre reconocido que ayuda a miles de personas.

Puedes ver que el primero tuvo mucha educación, que solo le sirvió para quedarse estable, pero estancado, sin desarrollo; su educación fue solo para su cerebro, tuvo una *educación intelectual.* En cambio, el segundo tuvo una *educación emocional* desarrollada en el corazón; con esta educación, a pesar de carecer de conocimiento, logró muchísimo más y sigue en desarrollo, con mejores resultados. Si el primero logró mucho al desarrollar habilidades intelectuales, el segundo logró más al desarrollar habilidades emocionales. Imagínate lo que haría un tercero que desarrollara ambas. Eso hacen los líderes que revolucionan el mundo, que han trascendido y han dejado una huella duradera.

Ya lo sabes. La religión, el gobierno y las escuelas te limitan. Tú eres un ser ilimitado y en la medida que lo descubras, lo manifestarás en tu vida. No lo descubrirás mirando y aprendiendo del ambiente (de afuera), sino observando en ti (de adentro).

Ser más para tener más

Un error muy común de un gran porcentaje de personas es que quieren tener dinero para poder ser ricos, cuando la verdadera riqueza es interior. La riqueza exterior es reflejo de nuestro interior.

Los discípulos le decían a Jesucristo: "necesitamos ver para creer". Él les respondía: "necesitan creer para ver". La fe es también un estado de ser y es de los más poderosos. La fe es necesaria para poder manifestar sucesos impensables; de igual manera, la prosperidad es necesaria para poder manifestar lo inimaginable.

Cuando la prosperidad está instalada en tu ser, pareciera que eres un hombre de fe, hagas lo que hagas, aunque parezca ilógico eso que vas a emprender, si tienes la seguridad de que funcionará, efectivamente funcionará. Aunque las personas te digan que no es factible, que no es probable, que es muy arriesgado, que hay posibilidades de perder. Si realmente tienes la certeza, porque lo sientes y lo ves materializado, así será. Robert Kiyosaky menciona que "muchas personas creen en Dios, pero sus acciones demuestran que no confían en Dios". Si realmente crees en ti y en el universo, deja que tus acciones lo confirmen y actúa conforme a tu creencia.

Si eres una persona débil, el exterior define todas tus emociones, pero si eres una persona fuerte, tú defines el ambiente que te rodea. Los estados de ser o ego son formados por las circunstancias, pero también forman a las circunstancias; es un movimiento bidireccional. La cuestión es: ¿quién es más fuerte, las circunstancias o tú? ¿Tu ser o tu ego?

Muchas personas se vuelven millonarias de la noche a la mañana: quienes se sacan la lotería, estafadores, delincuentes o narcotraficantes. Curiosamente, estas personas también pierden su riqueza de la noche a la mañana. La explicación es que se han vuelto ricos, sin embargo, la prosperidad nunca ha formado parte de su ser. Son como un arbusto que ha echado muy pocas raíces (no ha crecido internamente), pero se ha dedicado a desarrollar su tallo y las ramas (ha crecido externamente); ha crecido desequilibradamente y como el universo tiende a equilibrarse, el exterior se equilibra con lo que hay adentro, si hay muchas ramas y pocas raíces, el arbusto se desquebrajara hasta alcanzar la proporción de las raíces.

El ambiente buscará todos los medios para equilibrarte y enviará a ti las tormentas fuertes para ponerte a prueba. Si eres arbusto de pocas raíces, tus ramas y tronco serán rotos. Si eres árbol de grandes raíces, permanecerás firme y seguirás creciendo. Con esto, ya sabes: la manera de crecer es hacia adentro. El crecimiento hacia afuera es el reflejo del crecimiento interno. Este principio lo vemos en los árboles: los frondosos en sus ramas, lo son también en sus raíces, como las palmas largas de tronco, son también largas de raíces y resisten tormentas y ciclones. Lo dijo Hermes: "Como es arriba es abajo, como es adentro es afuera".

En tiempos de crisis, solo se ven afectados quienes no han crecido interiormente, solo son perjudicados quienes no tienen en su ser la prosperidad, solo se ven afectados los pobres, los que llevan la escasez dentro de su ser, por eso los pobres siguen siendo cada día más pobres, mientras que los ricos siguen siendo cada vez más ricos. La verdadera pobreza, como la verdadera riqueza, se encuentra en nosotros, en nuestro corazón.

Si tú eres una persona que denota riqueza en sus bienes, eres alguien grande, pero si eres una persona que denota prosperidad en su ser, eres alguien trascendente. Si tienes, serás olvidado en un tiempo, si eres, serás recordado siempre. Si lo que quieres es trascender, no te enfoques en tener, enfócate en ser. Recuerda que un hombre exitoso no es aquel que tiene mucho, sino aquel que es mucho.

Si lo que tú quieres es hacer crecer tu negocio, casa, departamento, todos tus bienes y propiedades, entonces, solo tienes que crecer personalmente, de esta manera crecerá contigo toda la materia a tu alrededor. Lo dijo Kim Kiyosaky: "Si usted quiere más en la vida, primero usted tiene que hacerse más".

> *Si la prosperidad está en ti, no hay pobreza que se acerque, no hay crisis que te preocupe, no hay sistema económico que te afecte*

Cada problema o situación por la que atravesamos tiene cierta magnitud y la única manera de superarlo es ser más grande que dicha situación, es decir, crecer más que el problema; de esta manera, el problema ha quedado atrás, lo hemos trascendido, porque nosotros somos más grandes que él.

Veamos ahora un ejemplo de prosperidad. En la década de los noventas, los empresarios se desplomaron debido a la crisis económica, perdiendo gran cantidad de su fortuna. Muchos hombres pasaron de ser magantes multimillonarios a hombres de clase media y no volvieron a crecer. Estos hombres tenían mucho dinero, pero no tenían la prosperidad en su ser; llevaban la riqueza afuera, no dentro, y esa fue la razón por la cual no volvieron a ser ricos.

Un magnate, uno de los hombres más ricos y exitosos de todos los tiempos, Donald Trump, también se vio afectado por la crisis, perdiendo casi toda su fortuna y todo el imperio que había adquirido. Debido a la fuerte crisis, todos los bancos dejaron de prestar dinero y dinero era lo que Trump necesitaba para salir de sus deudas y no terminar perdiéndolo todo.

Se cuenta como anécdota que cuando Trump asistió a una reunión con los dueños de un banco, éstos se negaron a prestarle, debido a que toda su riqueza estaba perdida, a lo que él dijo: La riqueza que tengo no la llevo en mis propiedades, la llevo dentro. La verdadera riqueza no es lo que tengo, sino lo que soy, y mientras me mantenga siendo como soy, todo aquello que emprenda será inevitablemente próspero, porque la riqueza soy yo.

El banco, aceptó hacerle el préstamo a Trump con ciertas condiciones. Con ese préstamo, el magnate realizó ciertas operaciones y volvió a levantar su imperio, mismo que en unos años multiplicó, posicionándose como el mayor ejemplo de hombre exitoso. Un hombre que en tiempos de crisis supo aprovechar las oportunidades para hacer crecer su riqueza.

El dinero es solo un medio

La atención de las personas pobres está siempre puesta en el dinero. La atención de una persona rica nunca está puesta en el dinero; una persona rica nunca se preocupa por el dinero, puesto que el dinero nunca ha sido un fin, solo un medio.

Los logros en la vida no los alcanzamos porque tengamos dinero o no. Para lograr cualquier cosa, lo que necesitamos es energía. Si bien el dinero es una manifestación de energía y nos puede ayudar a alcanzar una meta, no es la única manifestación de energía, existen muchas más. La fuente de energía para lograr materializar cualquier deseo es el propio corazón. Si crees que necesitas dinero para lograr un resultado, entonces estás usando la fe, que habita en el corazón, por lo tanto, estás usando el corazón. Tú logras tu objetivo por fe, no por dinero; sin embargo, toda tu fe la has puesto en algo físico como el dinero.

No existe nada más estúpido que vivir la vida haciendo dinero para, posteriormente, dedicarse a disfrutar de la vida con el dinero logrado. La vida en realidad se disfruta en cada momento, tengas dinero o no. Si haces lo que amas o amas lo que haces, vivirás una vida de calidad y el dinero de todas maneras llegará como parte de tu propio desarrollo.

Un éxito verdadero no es esforzarse hasta desgastarse en el trabajo, sino en desarrollarlo internamente y atraerlo externamente. Alguien alguna vez lo mencionó: "El éxito no es algo que se persigue, es atraído a ti por la persona en la que te conviertes".

El dinero es solo un placebo que creemos que necesitamos para poder lograr cualquier cosa, que nos da el poder de incrementar nuestra fe y la de los demás. Entonces, lo que realmente necesitamos para poder lograr cualquier cosa es fe. El dinero solo le da poder a nuestra fe.

Si, por ejemplo, le preguntas a una persona al azar qué es lo que desea, muy probablemente responderá que dinero. Si le preguntas: ¿dinero para qué?, te puede dar respuestas como: "Para comprar una casa". Lo que esa persona quiere no es dinero, lo que quiere es una casa y el dinero solo es un medio. No hay que enfocarnos en los medio, sino en los fines. Si lo que queremos es una casa, enfoquémonos en la casa, los medios para conseguirla llegarán y no necesariamente debe ser dinero; puede ser que la casa nos la fíen, puede ser también que nos la podemos sacar en un sorteo o que alguien nos la regale. En fin, si sabemos qué es lo que queremos, los medios llegarán a nuestro encuentro para que los usemos. Lo importante es saber qué queremos y tener la mente abierta a todas las posibilidades que se nos presenten. Lo mejor es enfocarse en los *qué* y los *cómo* dejárselos al universo.

El dinero es energía y está hecho para servirte y servir a los demás. Es energía con la que puedes ayudar a los demás y a ti, más no para perjudicar. El dinero fluye mucho más fácil a tu vida cuando lo utilizas para servir; para hacer esto, solo tienes que cambiar de enfoque. Cualquiera que sea tu trabajo, podrás notar que si dejas de trabajar para hacer dinero y empiezas a trabajar para servir a los demás, entonces notarás que no solo incrementa tu felicidad, sino también tu prosperidad, es decir, tu economía crece solo por cambiar el enfoque. Por ejemplo, si te dedicas a las ventas y vendes solo para ganar dinero, llegarás al punto donde te estancarás y no crecerás más económicamente; en cambio, si te dedicas a las ventas y lo haces por servir a las personas, tu negocio crecerá día con día.

Cuando contribuyes al mejoramiento de la sociedad, obtienes más energía para continuar con tu labor. Una de las formas en las que se manifiesta la energía que obtienes es en dinero. No necesitas dinero para hacer algo grande, lo que necesitas es energía y ésta la obtienes de tu corazón. Ésta se manifiesta en la pasión, en el entusiasmo, en la fe, y en cualquier cualidad de los estados del ser que experimente tu corazón. Ten por seguro que si disfrutas lo que haces, tendrás resultados espectaculares.

Las personas creen que lo importante es ser reconocido como importante. No saben que ya son importantes y por eso están aquí. Lo importante no es ser calificado como importante, sino como útil, lo importante es ayudar a los demás, lo importante es dejar el mundo mejor de cómo lo encontramos. La fama, el dinero y el poder económico jamás te ayudarán a trascender. Trascender es lo que las personas quieren realmente y para hacerlo, necesitan dejar de permitir que los demás influyan en su cerebro y pensar por sí mismos. Muchas de las ideas que tenemos no son nuestras, sino de la sociedad. En realidad, nadie desea dinero, lo que desean es trascender. Nadie quiere ser recordado como un hombre rico y ya, sino por algo grande que hizo o desarrolló. Todas las personas quieren ser recordadas como alguien que dejó un impacto en el mundo físico y todas lo pueden hacer si dejan de perseguir ideas que sorprenderán a los demás. Las ideas que hay que seguir son las que nos sorprenden a nosotros mismos. Tony Hsieh entendió esto al expresar: "He decidido dejar de perseguir el dinero y empezar a seguir la pasión".

En resumen, si el dinero para ti es un fin es porque eres una persona pobre, pero si el dinero es un medio, entonces eres una persona rica. El dinero no es una necesidad, tampoco es un verdadero deseo; es solo energía intermediaria para satisfacer esa necesidad o deseo. Así que si quieres ser un buen negociante, ve directo con el universo y hazle saber lo que quieres. Enfócate en los fines, pues los medios aparecerán.

Dar para recibir es invertir

Recita una máxima: "lo que das, recibes". Pero lo que das no es algo físico, no es algo material. Lo que das es lo que le otorgas a otro ser y es parte de ti. Por ejemplo, si das con amor un carrito de juguete a un niño, lo que estás dando no es el carro, lo que estás dando es amor. No recibes otro carrito de juguete, lo que recibes es amor y, lo que es mejor, no recibes el amor que diste, recibes mucho más, lo recibes multiplicado. Entonces, lo que das no es el objeto físico, lo que realmente das es lo que provocas en el corazón de los demás.

> *Recibes lo que das, no los objetos que otorgas, sino las emociones que transmites a los demás corazones*

Lo que realmente das son solo emociones; los objetos físicos son solo *símbolos* de lo que das. En el ejemplo del niño, se le otorga amor y el juguete es solo un símbolo del mismo amor. Los símbolos son objetos físicos que representan emociones que se originaron en quien regaló el objeto. Estas emociones se multiplican justo en el momento en el que la otra persona recibe.

La persona que le otorga el juguete al niño, desde el momento en que toma la decisión de hacerlo o desde que lo piensa, está sintiendo amor; el amor se está activando en él. Pero no es hasta el momento en que da el regalo que compró con amor, cuando el mismo amor se multiplica. Se multiplica porque ahora hay dos corazones sintiendo amor: el que dio y el que recibió. Pero quien dio es quien recibe los mayores beneficios, ya que él recibe multiplicado lo que dio. Recibe multiplicado el amor. El amor es energía, por lo tanto, recibe energía y con esa energía, que ahora es más, tiene el poder para hacer aún más. Decía Teresa de Calcuta: "No importa cuánto das, sino cuánto amor le pones cuando das". En otras palabras, no importa la cantidad física de lo que das, sino la calidad energética.

Lo que das son emociones y éstas son energía. Si recibes más de lo que das, recibes más energía y eso es lo que necesitas para seguir haciendo muchas cosas más. Mientras más energía tengas, más puedes hacer. Si la energía la obtienes al regalar emociones positivas, ¿qué esperas para dar?

El secreto para multiplicar consiste en dar. Das lo que proviene de tu corazón y eso recibes. Así que ten cuidado con lo que das. Si das malestares, miseria y amargura, eso mismo recibirás multiplicado. Si vas a dar algo, asegúrate de que eso mismo quieres recibir.

Una fórmula para alcanzar el éxito es hacer que otros alcancen el éxito. El éxito se alcanza cuando se forma un estado de ser, por lo tanto, una persona no es exitosa cuando ha acumulado muchos bienes materiales. La persona es exitosa desde el momento en que se cristaliza en él una emoción. Eres exitoso desde que eres amoroso, desde que eres feliz y desde que encuentras la prosperidad en tu ser. El éxito es un desarrollo interno, no externo.

La mejor inversión que puedes hacer consiste en dar para recibir. Así como en el ejemplo de niño que se le dio amor al darle un regalo y el amor regresó multiplicado. Asimismo sucede si a un joven le das prosperidad, como en el caso siguiente.

Imagina que un joven necesita dinero para iniciar un negocio. Tiene una idea, pero no tiene capital para iniciarla. Entonces, sientes la necesidad de ayudarlo y, desde tu prosperidad, decides hacer que él se sienta próspero. Para ello, le regalas o facilitas el dinero. El joven se siente próspero y feliz porque tú has contribuido a su emoción. Esa sensación regresa a ti, por lo tanto, tu prosperidad como estado de ser se multiplicará. Si sentir prosperidad en cierto nivel te ha hecho aumentar tu riqueza, imagínate qué tanto que se multiplicará, si multiplicas tu estado de ser prosperidad. Lo que das, recibes, y si has dado prosperidad que sale del corazón al dar cierta cantidad de dinero, recibirás más prosperidad multiplicada y se multiplicará por la del corazón al que se la diste y, por lo tanto, recibirás mucho más dinero físico y éste se multiplicará en la medida en que se multiplique la prosperidad que recibes. Por eso, es bueno hacer donaciones con conciencia, con las cuales apoyas al mejoramiento de los estados de ser de otra persona y apoyas a que mejore su economía; así incrementarás tus estados de ser y tu economía. Zig Ziglar menciona lo siguiente: "Tú puedes obtener todo lo que quieres en la vida, si solo ayudas a otras personas a obtener lo que ellos quieren en su vida".

Recuerda que lo que das no es el dinero, lo que das es la reacción que provocas con tu acto físico de dar dinero. El dinero es simbólico, lo que das es la emoción y la emoción puede ser prosperidad, felicidad, gratitud, amor, en fin, lo que sea. Así incrementas lo que das, de esta manera puedes incrementar el objeto simbólico: dinero.

Es necesario que a quien le des reaccione de la manera en la que lo das, ya que si no es así, lo que das no se multiplicará. Por ejemplo, a las personas que no son agradecidas, no es benéfico darles algo, ya que tú podrás darles desde tu ser y ellos recibirlo desde su ego, sin gratitud, y tu prosperidad se divide.

Si le das dinero a un niño en la calle y ese dinero no siembra felicidad en el niño, ni prosperidad, ni ningún estado de ser, lo que es peor, el niño decide malgastar ese dinero en cosas que lo perjudican, como drogarse, entonces, lo que diste es malestar y eso es lo que recibirás; por eso es necesario que tus donaciones sean con conciencia. Cada peso que des, asegúrate de que es para ayudar a otra persona; ese es y debe ser el único fin del dinero y mientras lo hagas así, el dinero seguirá fluyendo en tu vida.

Si de tu corazón nace ayudar a una institución de personas necesitadas y decides hacer una donación de, por ejemplo, 10 mil pesos. Este acto de ayudar te hará incrementar tu sensación de prosperidad y te sentirás bien. Imagina que ayudaste a muchos niños en una fundación y todos ellos están muy agradecidos después de haberles ayudado, tu sensación de prosperidad habrá incrementado, por poner un número, 10 veces, entonces, tu energía habrá aumentado 10 veces. El objeto simbólico que son los 10 mil pesos que donaste, lo conseguiste utilizando tu propia energía, ya que el dinero es energía. Al hacer la donación has multiplicado tu energía por hacer vibrar los corazones de las personas necesitadas, por lo tanto, tienes el potencial para seguir atrayendo más objetos simbólicos: dinero.

El universo da a quien da.

Ya lo sabes: dar para recibir. Pero asegúrate que a quien le das algo sea agradecido, de esta manera aumentará lo que recibes. No es recomendable dar dinero, es mejor dar un servicio o un producto, ya que esto genera más gratitud. Entre más gratitud recibes, más energía obtienes.

> *Cada vez que conviertes el odio de alguien en amor, más amor obtienes. Cada vez que conviertes la enfermedad de alguien en salud, más salud obtienes. Cada vez que conviertes la escasez de alguien en prosperidad, más prosperidad obtienes*

Imaginar es crear

La imaginación es una mezcla de pensamiento y emoción. Al imaginar, utilizas tu cerebro al pensar, como tu corazón al sentir. Al imaginar utilizas los dos principios de creación: masculino y femenino. Estos son necesarios para poder generar lo que sea. Los grandes líderes que han existido tienen en común que poseen grandes pensamientos y grandes pasiones. Soñar sin tener el entusiasmo hará que no concretes tus sueños y, al contrario, vivir entusiasmado sin tener sueños te impedirá lograr algo sobresaliente. Cada ser humano dentro de sí, sea hombre o mujer, posee los principios masculino y femenino y es necesario utilizarlos para crear nuestros deseos en este mundo físico. Si eres hombre, es necesario que despiertes tu sensibilidad y emocionalidad, para darle energía a tus pensamientos; si te es difícil, convive con mujeres. Si eres mujer, es necesario que despiertes tu habilidad soñadora y analítica, puesto que tú ya posees la energía emocional; si te es difícil, convive con hombres. Necesitas tanto la energía emocional como la mental para poder crear tu realidad. La imaginación es la mezcla más poderosa entre la mente y el corazón, entre las ideas y la pasión. Hermes Trimegisto declaraba: "La generación [creación] se manifiesta en todo y siempre están en acción los principios masculino y femenino; no solo en el plano físico, sino también en el mental y en el espiritual".

Para lograr tus metas, necesitas mentalizarte y emocionarte. Mentalizarte equivale a mantener una flecha apuntando un objetivo, sin embargo, para alcanzar el objetivo, tenerlo en mente no es suficiente.

La flecha es la mente que por sí sola no logra nada, necesita ser accionada por el arco, que es el corazón.

De esta manera, mente (flecha) y corazón (arco) alcanzan el objetivo. Cuando el corazón está emocionado equivale a tensar el arco y, en ese momento, tienes la energía para llegar a tu objetivo. Si por alguna razón no somos precisos en nuestra meta y no llegamos hasta ella es porque nuestro corazón no ha sido tensado lo suficiente para producir la energía para que la flecha llegue a su objetivo. Si piensas en pobreza, tu flecha está apuntando hacia la pobreza. Si piensas en pobreza y sientes pobreza tienes todo el potencial para manifestar esa pobreza. Si piensas en pobreza, pero sientes riqueza, tienes un arco fuerte, pero un objetivo erróneo. Si piensas en riqueza, pero sientes pobreza, tu arco está funcionando al revés, lo cual siempre jalará a tu flecha hacia la dirección contraria, es decir, hacia la pobreza. Si quieres una vida llena de riqueza, lo que necesitas es pensar y sentir la riqueza.

Mentalidad	Emoción	Resultado
Pobreza	+ Escasez	= Vida carente
Pobreza	+ Prosperidad	= Vida desperdiciada
Riqueza	+ Escasez	= Vida infeliz
Riqueza	+ Prosperidad	= Vida abundante

*Tabla de principios creadores en la economía y su resultado en la vida.

> *Atraerás tanta riqueza como puedas llegar a sentirla en tu corazón*

En los libros de religión, siempre se ha dicho que del corazón emana riqueza, sin embargo, esto se ha malinterpretado creyendo que la riqueza solo es una actitud buena o agradable "a los ojos de Dios". La verdad es que el corazón produce y atrae la riqueza en tu vida, es decir, atrae la riqueza a ti o te jala a ti hacia la riqueza, experimentándola. Mientras sigas sintiendo escasez, atraerás más pobreza a tu vida, en cambio, si te sientes próspero, atraerás riqueza. Si hacemos una analogía del ser con un barco, experimentar la prosperidad en el ser equivale a que el viento sople a favor del barco, así avanza a gran velocidad.

Si vas a pensar en grande, también debes sentir en grande. Deja que tus pensamientos sean del tamaño de tus emociones y, de esta manera, lograrás hacer realidad tus pensamientos, dejarás de ser un soñador para convertirte en un materializador. Utilizar solo la mente paraliza. Utilizar solo el corazón cansa. Utilizar mente y corazón materializa. Mucho análisis produce parálisis. Mucha emoción produce fatiga. Sin embargo, mucha imaginación produce resultados.

Nuestro corazón es un sol, tiene la energía para poder hacer arder cualquier cosa. Si esa energía no es enfocada, no se puede hacer nada. La energía se enfoca mediante la mente. La mente es una lupa y entre más grande sea nuestra lupa, más poder tiene para hacer arder. A medida que ampliamos nuestros pensamientos, ampliamos el área de nuestra lupa interna y con ello utilizamos más la energía de nuestro corazón. La energía del corazón es ilimitada. La conciencia de nuestra mente también lo es. La energía del corazón se activa cada vez que hay emociones positivas como el entusiasmo; entre más entusiasmo tienes, más energía. La conciencia de nuestra mente se activa con preparación, mientras más estudias más aprendes. De este modo se pueden medir los resultados, a través de las cuatro posibilidades siguientes:

- Con un sol pequeño y una lupa pequeña, logras resultados pequeños
- Con un sol pequeño y una lupa grande logras, resultados pequeños
- Con un sol grande y una lupa pequeña, logras resultados pequeños
- Con un sol grande y una lupa grande, logras resultados grandes

Solo con un sol grande que equivale a corazón grande y una lupa grande que equivale a una gran mente se podrán hacer resultados grandiosos.

Formando una *Mastermente*

Dijo Napoleón Hill: "Si quiere volverse rico, entonces reúnase con gente que como usted también quieren ser ricos y formen un grupo *mastermind*. El camino le será mucho más fácil."

Una vez, un amigo me contó que cuando era joven estaba en un equipo de futbol. Todos los días jugaban con otros equipos; su equipo eran sus amigos de la colonia. A él le fascinaba jugar y, a diferencia de todos los miembros de su equipo, él entrenaba durante horas extra y era apenas mínimamente superior a los demás, a pesar de lo mucho que se esforzaba. Siempre que jugaban con otros equipos, éstos les daban una paliza en los partidos. Un día, fue a ver entrenar a un equipo de los que siempre ganaban y vio que en realidad no se esforzaban lo suficiente y a pesar de ello eran buenos. Cuando se terminó el entrenamiento, se acercó a uno de los jugadores y le preguntó cuál era su secreto, a lo que le respondió; "si quieres ser bueno, júntate con los buenos".

Fue ahí cuando entendió que no salía adelante porque en realidad todo este tiempo se estaba juntado con los malos y decidió cambiar de equipo. En poco tiempo y casi sin entrenamiento se volvió realmente muy bueno, solo porque cambió de grupo de amigos con los que interactuaba.

Sea lo que sea que quieras desarrollar en tu vida, si te juntas con quien ya lo tiene o con quien lo quiere desarrollar, te será más fácil porque, como dice la teoría Gestalt, "El todo es más que la suma de las partes". Si quieres ser saludable, si quieres ser feliz, si quieres ser rico, júntate con quienes tengan la misma intención que tú.

Imagina por un momento que para alcanzar la riqueza necesitas llegar a cierto nivel de energía y notas que definitivamente te falta mucho para lograrlo. De pronto, te empiezas a juntar con una persona que tiene la misma intención que tú: volverse rico. La energía de ambos no solo se suma, se multiplica y están más cerca de llegar al nivel de energía donde ya se ha alcanzado la riqueza, entonces se suma otra y otras personas más con la misma intención, hasta que llega el punto en que se alcanza la energía del nivel de riqueza deseada. Si notas, hay cierto número de personas en el grupo, por lo tanto, el mismo número de mentes, pero solo hay una *mastermente* y ésta es toda esa energía acumulada con la misma intención. Usando tu propia mente es posible que alcanzar ese nivel de riqueza te lleve toda la vida, pero usando una *mastermente*, lo puedes alcanzar dentro de unos meses, porque como sabes, la energía de cada mente no se suma a la *mastermente*, se multiplica.

Si sientes que estás estancado y que no has alcanzado lo que ya deberías haber alcanzado, es porque no te encuentras con las personas indicadas, quizá sea momento de cambiar de círculo social.

Dentro de los principios de cualquier empresario que ha innovado una idea excelente, si contrata a algún trabajador y éste no cree que la idea funcione, lo que hace inmediatamente es despedirlo, antes de que contamine la *mastermente* que integran todos los colaboradores de la empresa. Para que la empresa sea exitosa, todos los integrantes de la misma deben tener la mentalidad e intención de que dicha empresa será un éxito.

Nuestra *mastermente* es la que define nuestro alrededor y condiciones de vida, tanto físicas como financieras. Ésta está determinada por los pensamientos de aquellos a quienes frecuentamos y con quien nos asociamos.

Cuando en un círculo social no te valoran por lo que eres, valórate tú y aléjate de ese círculo. Tomar la decisión de hacerlo es de valientes, mientras que permanecer es de miedosos. El hecho de que te alejes le enviará un mensaje a su inconsciente de que mereces más valor. Ten por seguro que encontrarás el círculo adecuado. Estando con las personas correctas, lograrás los mejores resultados y con mayor facilidad. Si lo que quieres es hacer un cambio en tu vida, empieza por hacerlo en tu ser, pero también hazlo en el exterior. Cuando tu interior mejora, tú exterior mejora; también cuando tu exterior mejora, tu interior lo hace. El cambio es simultáneo y bidireccional. Por eso un buen cambio en tus amigos te permitirá lograr resultados espectaculares.

> *Nuestra Mastermente es la que define nuestro alrededor y condiciones de vida, tanto físicas como financieras. Ésta está determinada por los pensamientos de aquellos a quienes frecuentamos y con quien nos asociamos*

El toque de Midas

La fábula del rey Midas narra que después de que dicho éste le hiciera un favor a un dios, aquel le concedería un deseo. El rey le pidió, sin dudarlo, que todo lo que tocara se convirtiera en oro. Midas se alejó de donde se encontró al dios y regresó emocionado rumbo a sus tierras; tocaba la rama de un árbol y ésta se convertía en oro; entusiasmado seguía tocando las columnas de su palacio, así todas las paredes y eran trasformadas en oro. Sin duda, fue un don que también tuvo su lado negativo, ya que cuando llegó el momento de comer, su comida se hacía oro y ya no podía disfrutar de las cosas básicas, por este motivo, le pidió al dios que le retirara ese don.

La mano de Midas como arquetipo de poder es muy fuerte. A pesar de ser una fábula, al imaginarla podemos empoderarnos al igualar la sensación de Midas cuando estaba entusiasmado. Imagina cómo sería usar un don similar en el cual por donde quiera que pases irradies prosperidad. Serías un Midas moderno con una actitud emprendedora para los negocios. Lo que Midas llevaba por dentro eran solo pensamientos de riqueza y sentimientos de prosperidad, estos pensamientos y sentimientos fueron potencializados por un dios a niveles inimaginables, haciendo que todo lo que Midas tocara se volviera oro. De la misma manera, puede suceder contigo si llegas al nivel en el cual la prosperidad forma parte de tu ser; forma parte de tu ser cuando piensas en riqueza y sientes prosperidad, en ese momento te conviertes en la prosperidad. Cuando te encuentres en ese punto, solo necesitas la energía que está simbolizada por el dios que otorgó el don al rey. En este estado, podrás convertir todas tus circunstancias en prosperidad. Todo lo que decretes, todo lo que pienses, todo lo que sientas, todo lo que hagas será próspero porque la prosperidad eres tú, así como Midas que llevaba el oro en su ser y su ambiente se trasformaba en oro. Si llevas la prosperidad en tu ser, el ambiente se trasforma en riqueza. Desarrollar la prosperidad en tu ser es similar a convertir a la riqueza en tu sombra; ésta te seguirá.

El toque de Midas no es más que una actitud, una actitud que proviene de tu ser, que es parte de ti. Quienes desarrollan esta actitud son los negociantes, los emprendedores, los inversionistas, los que se dedican a las ventas y también los empresarios. Tener el toque de Midas consiste en desarrollar la habilidad de generar riqueza en cualquier cosa que se emprenda o invierta, es el equivalente a que lo que tocas se convierte en oro, es una habilidad muy valiosa que para muchos es un don.

Tener la prosperidad en tu ser es lo mismo que tener el toque de Midas, donde todo lo que se hace, sencillamente prospera. Esto se debe a que la vida es un espejo y te refleja aquello que tú ya eres. Si eres una persona que posee prosperidad en su corazón, entonces eres de las personas que son capaces de ver riqueza en todas las situaciones; verás riqueza en las crisis, en la incertidumbre, en todo lo que te rodea, porque eso que eres lo ves reflejado en el ambiente en forma de oportunidades. Mientras más grande sea la prosperidad en tu ser, más riqueza habrá en tu vida.

Afirma Robert Kiyosaky: "estar quebrado es temporal, pero ser pobre es eterno". Ser pobre es eterno porque la pobreza se lleva en el corazón como un estado de ego llamado *escasez*. Ser rico también es eterno y de igual manera la riqueza se lleva en el corazón en un estado de ser llamado *prosperidad*

La pobreza es como vivir en la oscuridad, es similar a tener el corazón apagado. Hay una solución para desaparecer la oscuridad y consiste en encender una vela en tu corazón; mientras esté encendido con la llama de la prosperidad, será capaz de iluminar la oscuridad financiera, de trasformar la pobreza en riqueza. Mientras uses la energía de tu corazón, poseerás el poder de la prosperidad. Mientras uses la energía de tu corazón, obtendrás el toque de Midas y todo lo que toques se trasformará en oro. Porque tú eres de oro en el fondo de tu ser.

Deseo lo mejor para tu ser y que se multiplique todo lo que quieres desarrollar.

Complemento interactivo: melodía de poder

Ahora reproduce la **Melodía Prosperidad**, misma que puedes encontrar en el buscador de YouTube con el titulo *Melodía Prosperidad - Los estados del Ser* ó en el siguiente código QR que te manda a la lista de reproducción del material interactivo de la obra:

Conecta con la prosperidad, siéntela. Déjate llevar por la música, trae a tu mente todas las escenas que te hagan sentir prospero, crea nuevas escenas donde sientas prosperidad y, por supuesto, tú seas el protagonista.

Esta canción la puedes reproducir tantas veces como sea necesario y escucharla tantos días como sientas que te haga falta. Recuerda que mientras más conectas con la paz, más paz surge en tu ser.

Capítulo Verde:

Estado de ser Salud

Elemento interactivo: Ondas binaurales

Este capítulo incluye material interactivo que consiste en la reproducción de un audio de ondas binaurales, para potencializar tu poder de concentración. Este audio deberá reproducirse mientras se lee el capítulo, para hacer de la lectura una experiencia placentera. Reproduce la melodía llamada *Ondas binaurales para la concentración.*

Las ondas binaurales para la concentración las encuentras en el buscador de YouTube con el titulo *Ondas binaurales para la concentración - Los estados del Ser* ó en el siguiente código QR que te manda a la lista de reproducción del material interactivo de la obra:

Se recomienda que uses audífonos, para una mejor experiencia. Recuerda que la finalidad es disfrutar la lectura, ya que disfrutando aprendes mejor.

ESTADO DE SER SALUD

Arquetípicamente, la salud se asocia con la juventud, con una imagen fresca, radiante y bella. Entre más saludable esté una persona, más juventud irradia, posee una imagen radiante y trasmite frescura y belleza. Muchas personas de avanzada edad están muy conservadas, en gran parte gracias a que mantienen o han mantenido un espíritu juvenil, internamente siguen siendo unos niños, viven desde su corazón y esto los mantiene felices. Sin duda, una vida llena de felicidad y sin preocupaciones alarga considerablemente la vida útil del cuerpo.

Nuestro cuerpo es un reflejo de nuestras emociones. Los cuerpos enfermizos son el reflejo de las emociones negativas, ya que estás poco a poco lo van debilitando. También al contrario, los cuerpos saludables son reflejo de emociones positivas que han llegado a transformarse en estados de ser. Estas emociones positivas fortalecen considerablemente el sistema inmunológico. Las personas que son pacíficas, que más aman y que más ríen suelen ser quienes poseen vidas más longevas.

Has notado cómo muchas mujeres a los cuarenta y tantos años son muy hermosas y siguen viéndose muy jóvenes, tanto que hasta parece que son hermanas de sus hijas, mientras que el marido, quien es aproximadamente de la misma edad, se ve como un viejito; esto se debe a la siguiente razón: la mujer siempre se ha vestido para verse hermosa, llena de colores, de flores, de mariposas, con accesorios muy coloridos que hacen que resalte su belleza. Esta forma de vestirse, con colores vivos y con la ropa de moda la hace sentirse con vida, joven, lo cual ha manifestado en ella un estado de ser muy saludable que se refleja en su juventud; en cambio, el marido, desde que inició su vida laboral, se ha vestido con colores sombríos y elegantes, con tonos grises como el negro, que en realidad son colores muertos que representan enfermedad y ha sido por tanto tiempo que la ropa ha manifestado un estado de ego enfermizo en el hombre; esta forma de vestir apaga la llama de la salud, por lo tanto, la de la juventud.

En nuestra sociedad *primero perdemos nuestra salud para obtener dinero, después perdemos nuestro dinero para recuperar la salud*. Analizando la frase anterior, el símbolo de éxito en nuestra cultura es un hombre vestido de manera formal, con colores elegantes pero carentes de vida, en otras palabras, es un hombre exitoso en lo económico, pero fracasado en la salud, rico, pero viejo. Con esto no quiero decir que prosperidad y salud no vayan de la mano, ya que realmente se puede alcanzar una vida abundante en todos los sentidos sabiendo utilizar los *estados de ser* adecuadamente. Puedes obtener abundancia en salud, en amor y en prosperidad sin necesidad de ganar en un área y perder en otra. Te invito a disfrutar la lectura del siguiente capítulo, misma que más que entender, hay que sentir.

El origen de la palabra *salud* al estornudar

Los egipcios y griegos consideraban el estornudo como una advertencia divina. En ese tiempo nacieron varios augurios que anunciaban que el estornudo era bueno si sucedía por la tarde, y era malo si se suscitaba cuando se iba levantado de la cama o de la mesa.

Antiguamente, se creía que el aliento, el cabello, los ojos y la respiración eran fuentes o emanaciones del alma. A tal punto que incluso se creía que al estornudar, el alma de una persona quería descarnarse, por lo que se acompañaba de una bendición. Para los egipcios y los griegos, estornudar era un augurio que anunciaba una enfermedad. Para contrarrestar esta enfermedad que se aproximaba, se utilizaba el poder de la bendición o mejor dicho el poder de la palabra enunciando "salud" después de haber estornudado. Las acciones negativas se contrarrestaban con decretos positivos. Esto era magia antigua, similar a la programación neurolingüística moderna, donde los mejores magos eran los que tenían más energía en su ser.

La palabra decretada tiene poder, tanto que vemos en la actualidad que muchas personas después de estornudar afirman: "como que me quiere dar gripe", "como que me voy a enfermar" y, en efecto, les da gripe y se enferman. Decretarlo y tener miedo de que suceda es suficiente para materializarlo, por lo tanto, se enferman. Al decretarlo dirigimos nuestra conciencia hacia esa dirección y al tener miedo le damos la energía para que se materialice lo que se ha concientizado. Si cambiamos nuestras intenciones y nuestra manera de hablar (en esta última reflejamos nuestra manera de pensar) cambiaremos las circunstancias que nos rodean. Pensando correctamente y sintiendo armónicamente podremos mantenernos siempre en un estado saludable.

Decía un antiguo maestro: "No es lo que entra por la boca lo que contamina al hombre, sino lo que sale de ella, porque lo que sale de la boca, del corazón procede" y tenía razón; cuando hablamos cosas negativas, quien se está dañando somos nosotros y se sienten los efectos en nuestro cuerpo físico. Contrariamente, si hablamos cosas positivas, quien se mejora somos nosotros y los efectos llegan hasta nuestro cuerpo físico, dándole una apariencia poderosa a la presencia que está dentro: tu Ser. Sin duda, lo que tomas y lo que comes puede ser tóxico para el organismo, pero lo que piensas y sientes puede ser letal.

Trasformando el malestar en bienestar

Después de nacer, mis padres notaban que mi ojo izquierdo lagrimaba mucho y creyeron que tendría problemas de visión, descubrieron más tarde que era una alergia heredada de mi padre y, a la vez, de mi abuelo; los síntomas eran más fuertes en mi padre que en mi abuelo y en mí eran aún más fuertes que en mi padre. Decían los médicos que había nacido genéticamente condicionado para vivir con esta enfermedad todos los días de mi vida, ya que no era curable, sin embargo, era tratable. A medida que crecía, comprendía más la enfermedad y me identificaba con ella y como resultado de esto, vivía más enfermo. Me habían hecho unos análisis que mostraron que era alérgico a casi todo lo que había a mi alrededor. Vivía en un rancho y era alérgico a vacas, cerdos, perros, gatos, gallinas, chivos, caballos, ratas, polvo, ácaros, cucarachas, polen, flores, olores fuertes, insecticidas, pesticidas, herbicidas, fertilizantes, toda clase de químicos que desprendieran un olor fuerte, pinturas, solventes, leche, queso, huevos y, por si fuera poco, los días que iba a llover era alérgico al ambiente. Los síntomas de la enfermedad eran ojos irritados y rojos, escurrimiento nasal, dolor de cabeza, fiebre y cuerpo cortado; era similar a una gripe, aunque más severo. Cuando llegaba la alergia, duraba de cuatro a siete días enfermo.

A lo largo de mi niñez y adolescencia, tuve muchas curaciones espontáneas, pero solo mencionaré las que más me impactaron y me revelaron información:

- Recuerdo algunas ocasiones que estuve enfermo. Estaba ya condicionado mentalmente a estar así durante días. Mis padres me dejaban solo en casa y no podía salir porque el sol me irritaba los ojos, pero había momentos en los que me sentía bien, me enteraba de que mis primos estaban jugando y yo quería ir con ellos, así que me salía y me iba a jugar; jugábamos por horas y estaba tan concentrado en los juegos divertidos que realizábamos que se me olvidaba que estaba enfermo, así pasaba de una cualidad de malestar a una de bienestar, cuando estaba en esta última experimentaba una curación espontánea, pero como era niño, no era consciente, hasta que mis padres me lo hacían notar.

- En otra ocasión, cuando era ya un poco más grande, de aproximadamente ocho años de edad, un día que estaba enfermo, como era hábito, ya estaba programado para no ir a la escuela por una semana, debido a mi condicionamiento mental ya establecido. En esa ocasión, también me dejaron solo en casa y con alguna "medicina" (alcohol, expectorante y antigripales); hubo un momento en el que me sentí ligeramente mejor, además de que ya estaba desesperado por no hacer nada, empecé a hojear un libro que me llamó la atención, después empecé a leerlo y las historias que narraba eran fantásticas, seguí leyendo, la historia ya me había atrapado, estaba sumergido en las narraciones del escritor, imaginando el increíble mundo que había creado. Terminé de leer y seguí echando a volar mi imaginación y me puse a jugar yo solo durante horas; fue fantástico, después decidí hacer mi tarea para ir a la escuela al día siguiente, fue justo en ese momento cuando recordé que unas horas antes estaba muy enfermo y así iba seguir durante horas. El libro que había leído era la biblia y llegué a concluir que leerla era la cura para mi enfermedad, ya que era un libro escrito por Dios.

Otras veces que llegué a enfermarme opté por leer la biblia para volver a curarme, pero no funcionó. Lo que realmente pasó fue que la primera vez que la leí, las grandes hazañas de algunos personajes hicieron volar mi imaginación, logrando que olvidara el malestar y me sentía emocionado imaginando ser como ellos y era tanta la emoción que experimenté que me llevó al bienestar en mi ser, manifestándose lo que ahora llamo *estado de ser salud,* este estado me llevo a la curación instantánea. Las otras veces que lo intenté no sucedió porque las demás historias no lograron atrapar mi mente como lo hizo la primera, y como mi mente no se pudo distraer, mi cuerpo no pudo pasar del malestar al bienestar.

- Cuando ya era un adolescente e iba en la preparatoria hubo un día en que amanecí con mi sistema inmunológico ligeramente débil y a medida que iba trascurriendo el día, me sentía cada vez peor. Llegó el momento en que tenía los ojos muy irritados, tanto que no podía ver la hoja de mi cuaderno sin que me molestara el reflejo de la luz en el color blanco, además de que estaba con mucho escurrimiento nasal, estornudaba cada vez más fuerte, así que no aguanté y pedí permiso para irme a casa. En ese tiempo, rentaba un cuarto en la casa de un amigo, justo cuando llegue a mi cuarto sentí un gran alivio y empecé a hacer todo mi ritual para tratar de sanarme; ritual que consistía en tomar antigripales, ponerme unas gotas en los ojos, llenarme la cara de pomada y oler alcohol de un pañuelo para ver si me aliviaba; me dormí un rato hasta que escuché un alboroto en la sala, mi amigo había traído más amigos e iban a ver una película de ciencia ficción, era una película que yo esperaba de hace mucho tiempo porque era fanático a los cómics de ésta, además de que en los cortos tenía un tráiler súper espectacular, lleno de grandiosos efectos visuales y superpoderes, así que decidí que vería la película sin importar que me doliera la vista; comencé a verla con unos lentes oscuros. A medida que la película avanzaba, la historia me atrapaba, estaba realmente tan emocionado al ver los efectos especiales que no recuerdo en que momento me quité los lentes; estaba tan entusiasmado en ver los superpoderes de algunos personajes que en cierta manera me identificaba con alguno de ellos o deseaba ser como otros. Se terminó la película, jugamos "luchitas" con mis amigos como si fuéramos unos niños, unos decían: "Ahora yo soy…" cierto personaje, yo también decía y hacía lo mismo; después de jugar un rato, nos fuimos a una unidad deportiva y nos pusimos a jugar basquetbol toda la tarde. Oscureció y seguíamos en la unidad deportiva. Nos salimos porque iban a cerrar, íbamos entusiasmados, nos despedimos de los demás y al final solo quedamos mi amigo y yo. Recuerdo que entré a la casa y cada quien se fue a su cuarto, cuando entré al mío, me di cuenta: había tenido una curación espontánea y no me había percatado de ello cuando pasó, estaba tan entusiasmado disfrutando el momento presente que hasta que vi todo en retrospectiva me di cuenta de que me había sanado, había sanado; porque mi mente se distrajo tanto, imaginó y vivió cosas emocionantes que la emoción y el bienestar se quedaron en mi corazón, logrando así un estado de ser salud que hizo que mi cuerpo se sanara por consecuencia.

Cuando se es niño, se sabe disfrutar más cada momento, se puede disfrutar tanto de corazón que tu mente logra olvidar los malestares y, cuando logra hacer esto, los malestares simplemente se desvanecen, porque en el corazón no puede haber dos sensaciones opuestas, no pueden coexistir estados de ser o ego, no puedes ser feliz e infeliz a la vez, tampoco puedes experimentar bienestar y malestar, experimentas uno o lo otro y, dependiendo de qué estés experimentando desde el corazón, lo atraes a tu vida; estás materializando esas circunstancias. Cuando haces lo que te apasiona realmente, lo que te mueve, lo que te impulsa y te hace vibrar, sientes tanto bienestar que el malestar simplemente deja de existir.

> *Cuando el bienestar aparece en el corazón, el malestar desaparece del cuerpo y se manifiesta la salud*

Una curación espontánea muy extraña

Una de las curaciones espontáneas que me reveló mucha información es la siguiente:

Era un día en el que estaba enfermo de alergia, como era habitual. Mis padres habían salido y yo estaba solo en casa, cansado y desesperado de solo dormir y esperar aliviarme. Llegó la hora en que me dio hambre y me fui a la cocina a ver que me podía preparar. Tenía aproximadamente seis años. Cuando llegué a la cocina, vi que había una barra de pan de caja y un bote enorme lleno de miel; pensé hacer un sándwich y cuando serví la miel en el pan, se me tiró un poco en el suelo. No presté atención al derrame de miel y empecé a comerme mi sándwich, cuando de pronto una abeja comenzó a volar alrededor de mí; empecé a alejarme y ésta me seguía; le di unos manazos y me seguía de nuevo. Yo tenía miedo de que me picara y en uno de los golpes que le di, se regresó y me picó en la cabeza, tan fuerte que tire el sándwich y me tiré en el piso por el dolor, lloré sin parar, sentía una enorme pulsación en la cabeza; puedo decir que era dolor puro. Me dolía tanto que solo podía pensar y sentir el dolor. Por fin paso la etapa del dolor, levanté mi sándwich del piso y seguí comiéndolo, después preparé un sándwich más y me lo comí; cuando estuve satisfecho, me puse a ver la televisión y, después de algunas horas, a hacer mi tarea de la escuela. Cuando llegaron mis padres se sorprendieron al ver que estaba completamente sano. Recuerdo que hasta llegué a creer que el veneno de abeja era la cura a mi enfermedad.

Lo que realmente pasó fue que como ya era hábito en mí, cada vez que estaba enfermo sentía un malestar que se prolongaba cada vez más, poniéndome peor, así que cuando me picó la abeja, me llevó a vivir en el momento presente: dolor puro. Digamos que pasé de experimentar malestar a experimentar dolor, de alguna manera el dolor eliminó al malestar, pero una vez que se acabó el dolor, la enfermedad había desaparecido. En resumen, el dolor más fuerte mató al malestar más débil y cuando el dolor desapareció, solo quedé en mi estado de ser natural y sus cualidades, el bienestar, y volví a estar sano. Voltaire mencionaba en sus palabras algo similar a lo que yo y muchos más hemos vivido: "El arte de medicina consiste en entretener al paciente mientras la naturaleza cura la enfermedad".

Venciendo al cáncer y otras enfermedades

¿Te has preguntado alguna vez cómo es que hay personas que logran vencer enfermedades como el cáncer y otras que no lo logran? Las que vencen la enfermedad tienen un factor en común y las que no lo vencen tienen otro factor en común. Te preguntarás cuáles son los factores en común. Pues, por ejemplo, supongamos que a una persona le han detectado cáncer y le dan solo tres años más de vida; la persona se somete a tratamientos, cirugías, quimioterapias y a toda clase de medios y circunstancias que solo la hacen sentir malestar; el simple hecho de permanecer en un hospital enferma a las personas, el estrés, la angustia, el miedo, la ansiedad, la desesperación y toda clase de malestares enferman a las personas, y muchas veces resulta que esta persona que vivirá tres años más de vida con su enfermedad, al someterse a los tratamientos, su vida se reduce a solo un año o menos. El problema con los tratamientos y los muchos médicos es que no están capacitados para atender la salud emocional del paciente, es decir, se olvidan de su corazón, de su ser. El factor común de las personas que no se curan es que sintonizan más con las sensaciones de su ego. En cambio, las que se curan conectan con su ser, experimentado emociones positivas hasta convertirlas en estados de ser.

Hay muchas otras personas que se han curado del cáncer. Lo han logrado por sus nuevos estilos de vida y sus estado de ser manifestados en el estilo de vida; unos se han curado de cáncer porque han cambiado a una nueva alimentación, otros porque se han metido a practicar yoga o meditación, otros se han cambiado de religión, otros se han acercado a Dios, otras han cambiado su trabajo por otro más placentero, unos más se dedican a viajar y a vivir como si no tuvieran nada y se sienten tan bien en su nuevo estilo de vida que el malestar desaparece transformándose en bienestar y manifestando salud, por lo tanto, el cáncer desaparece misteriosamente.

> *Cuando el malestar es la causa, la consecuencia es la enfermedad y cuando el bienestar es la causa, la consecuencia es la salud*

Los estados y cualidades del ego más comunes que provocan enfermedad son: estrés, inseguridad, odio, coraje, frustración, impotencia, malestar, amargura, desdicha, desgracia, lástima, conflictos internos, aburrimientos, depresión, etc.

Los estados y cualidades del ser más comunes que provocan salud son: alegría, plenitud, gracia, pasión, entusiasmo, gratitud, entre otras.

Es importante que examines tu estilo de vida, tu trabajo, tus relaciones y todo lo que te rodea. Si hay algo que te hace sentir mal, empieza por reemplazarlo por aquello que te hace sentir bien, así te conservarás siempre sano: mente sana, corazón sano, cuerpo sano.

Los principios masculino y femenino del ser son creadores y transformadores en todos las áreas, incluida nuestra propia salud en el cuerpo físico. Derivada de la tabla de la trinidad del ser que vimos en la introducción, tenemos la fórmula de la salud, que es la siguiente:

> *Visión más Emoción es igual a Condición*

Donde:

- Visión: es donde se encuentra puesta tu conciencia.
- Emoción: es lo que está experimentado tu energía.
- Condición: El la consecuencia que le sucede a tu cuerpo, producto de la suma de la visión y de la emoción.

Veamos algunos ejemplos de personas donde se aplica la fórmula anterior.

Ejemplo 1:

- Las personas que tiene en mente recuerdos que los han dañado o posibles sucesos futuros que los preocupan (visión), constantemente son víctimas de esas situaciones pasadas o futuras que las mantienen vibrando en estados y cualidades del ego, como tristeza, ansiedad, miedo, odio, depresión, (emoción). Como resultado de esta situación que piensa la mente y siente el corazón, la persona experimenta un sinfín de posibilidades negativas (condición), entre ellas migraña, estrés, debilitamiento del sistema inmunológico, etc. Si la situación sigue en aumento, lo que se experimenta es gripe, fiebre, dolor de estómago; si la situación empeora durante más tiempo, las enfermedades que se cristalizan son cada vez más fuertes, llegando a romper órganos o tejidos, como resultado de la energía emocional destructiva, y no solo eso, el cuerpo se está infectando poco a poco y degenerándose a sí mismo cada vez más, llegando a infecciones, vejez prematura y cáncer en diferentes órganos del cuerpo, y posteriormente, la muerte. Lo anterior como producto de la visión y la emoción que se hizo hábito, formando un estado de ego que tuvo cada vez más energía y fue creciendo hasta las últimas consecuencias.

> *El tiempo no es lo que hace que las personas envejezcan, sino los malestares*

Ejemplo 2:

- La fórmula de la salud también aplica para la enfermedad, como lo vimos en el ejemplo anterior. Pero ahora, concentrémonos en este nuevo ejemplo donde se manifiesta la salud. Las personas que tienen en mente disfrutar el momento presente, solos o con sus seres queridos, ser mejores cada día, evolucionar, desarrollarse en todas las áreas (visión), son personas que están experimentado constantemente bienestar, alegría, risa, plenitud, etc. (emoción). Y como resultado de esta situación que piensa la mente y siente el corazón, la persona experimenta un sinfín de posibilidades positivas (condición), entre ellas, lucidez mental, habilidades psicomotrices, sistema inmunológico reforzado, cuerpo fuerte, rostro rejuvenecido, inteligencia desarrollada, entre otras. Si la situación sigue en aumento, este tipo de personas parece que diariamente se siguen rejuveneciendo y no solo eso, sino que tramiten una imagen radiante que es producto de la energía positiva que se sigue cristalizando en ellos. Si la situación sigue mejorando, hasta donde sé y he visto, estas personas alcanzan una vida muy longeva; al final de sus días, son personas que han amado y disfrutado de su vida y de la de sus seres amados, son personas que nunca mueren, sino que siguen viviendo en los corazones de sus conocidos y han alcanzado la trascendencia.

Ahora que ya has visualizado los efectos destructivos de los estados del ego y has vislumbrado los efectos positivos de los estados de ser, ¿qué harás?, ¿de qué lado quieres estar?, ¿en el ejemplo 1 o en el 2? Sanarse es solo una decisión que la mente visualiza y el corazón siente, para que el cuerpo la experimente. ¡Solo hazlo!

Cuando el corazón acciona, el cuerpo reacciona

Los niños son sanos por naturaleza

Muchas veces, los padres son causantes de las enfermedades de sus hijos y no son conscientes de ello. No me refiero solo a las enfermedades heredadas, sino a las creadas por los padres. Por ejemplo: ¿cuántas madres de hoy día amenazan a sus hijos con expresiones como la siguiente?: "No juegues en la tierra que te vas a dar alergia". El problema no es solo la información racional que les están mandando a sus hijos, el problema es también la información emocional. "No juegues en la tierra que te va a dar alergia" (padres enfurecidos y gritando la sentencia a su hijo). Prácticamente, los padres siembran en el hijo toda la información que hay que poner en su mente, toda la atención se orienta hacia la alergia. Pero además, esa información va acompañada con una enorme carga emocional, que en este caso es el miedo que el hijo siente ante esa posibilidad de enfermarse, y si el miedo está presente como estado del ego, el niño atraerá a su vida aquella circunstancia que confirma el miedo que él ha sentido, es decir, se enfermará de alergia. En resumen, los padres sembraron en la mente de su hijo el pensamiento de que se va a enfermar y en el corazón el sentimiento que hará a su hijo experimentar miedo cuando se enferme. Cuando mente y corazón están orientados y vibrando hacia lo mismo, esto inevitablemente sucede y el niño se enferma.

En este contexto, *visión* (te dará alergia si juegas con tierra) más *emoción* (miedo y furia que transmiten los padres) es igual a *condición* (el niño se enferma de alergia).

Existen otras sentencias de este tipo:

- "No te mojes en la lluvia, que te dará un resfriado" y al niño le da un resfriado.
- "No juegues en el charco, que te saldrán ronchas" y le salen ronchas.
- "No juegues con ese perro, que te va a pegar la rabia" y el perro muerde al niño y le pega la rabia… ¡Mentira! No he sabido nunca de un caso como éste.

No está mal que los padres protejan a sus hijos, el error está en lo que les transmiten. Lo que les transmiten no solo son ideas, sino emociones, que en muchos casos siembran estados del ego, mismos que los hacen atraer situaciones destructivas, ya sea en su entorno o en su cuerpo. Cuando experimentamos cualquier emoción, el universo nos dará circunstancias en las que re-experimentaremos la emoción original, es decir, nos dará más de lo mismo, manifestando infinidad de condiciones como emociones y pensamientos existen. Por ejemplo, cuando el corazón vibra desde el miedo, atrae circunstancias que te hacen experimentar más miedo. Cuando el corazón vibra desde el estrés, atrae circunstancias que te mantienen estresado. Cuando el corazón vibra desde la angustia, atraerá circunstancias con las que estarás angustiado. Cuando el corazón vibra desde la amargura, circunstancias que te hacen ser amargado. El universo es tan abundante que te multiplica lo que vibras, sea negativo o positivo.

Resulta curioso cómo niños que son hijos de pepenadores, que viven en los basureros, tienen un sistema inmunológico muy fuerte, poco se enferman, pese a que están en contacto constante con bacterias; esto los hace fuertes, como mucha gente cree, pero además, no están condicionados con los pensamientos y sentimientos de los padres de una manera negativa, este tipo de padres podrán no tener un sustento económico digno, pero no contaminan el corazón de sus hijos, simplemente los dejan ser niños, divertirse con los animales, jugar con la tierra, jugar con los charcos, jugar con la lluvia. Estos niños no tienen miedo de jugar entre la basura, son felices haciéndolo, y al habitar esta felicidad en su corazón como estado de ser, atraen circunstancias que los hacen ser más felices, como una buena salud y más juegos divertidos. Decía Albert Einstein: "En la alegría serás invencible", asunto muy cierto, ya que si nos mantenemos vibrando alegres y felices, no hay situaciones que nos puedan dañar, ni siquiera las enfermedades.

En mi antiguo lugar de trabajo tenía un perro que era juguetón por naturaleza; siempre que llegaba un cliente, el perro corría hacia él para abrazarlo. Los clientes ya sabían la actitud de mi perro, pero cuando llegaba un cliente nuevo y veía que mi perro corría hacia él, mi cliente tenía miedo de que lo mordiera, es decir, experimentaba en su ser el miedo y a la vez pensaba en que el perro lo mordería. Lo que hacía era enviarle una orden al universo, misma que el perro recibía y, por ende, ejecutaba la acción que estaba en la mente y corazón de la persona. El perro había llegado a morder a más de un cliente.

Los animales responden a nuestras expectativas, hacen lo que esperamos que hagan, seamos conscientes o no. Una vez que perdemos el miedo a ser atacados, dejamos de ser atacados, lo mismo sucede con las bacterias o virus, ellos son animales y hacen lo que esperamos que hagan en nuestro cuerpo, es decir, podremos tener cientos de virus, pero estos no nos atacarán si mantenemos estados de ser, así estaremos en armonía con ellos, como podemos estarlo con los animales más grandes y salvajes.

En resumen, ser niño es ser sano por naturaleza, ya que los niños canalizan más fácil con su ser de manera innata formando así estados de ser, son los padres y el ambiente quienes se encargan de contaminarlos. Los niños son felices por naturaleza sin necesidad de tener algo que los haga felices. Los niños aman por naturaleza sin necesidad de condicionar ese amor. Ellos se enfocan por naturaleza solo en el momento presente, disfrutan el aquí y el ahora, viven desde el corazón y no solo desde la mente, como los adultos; por esa razón, son inmunes a todas las enfermedades. Si eres como un niño, nada te puede hacer daño, ya que estás en una vibración elevada; por eso decía Jesucristo: "el reino de los cielos es de los niños", ellos ya viven en él, el reino de los cielos está en el corazón, está aquí y ahora.

Nuestra mente se angustia por el pasado y se preocupa por el futuro. Nuestro corazón solo se ocupa del momento presente y lo disfruta. Nuestra mente tiene ilusiones, nuestro corazón, solo deseos. Nuestra mente sueña, nuestro corazón vive. Nuestra mente hace planes para poder ser feliz, nuestro corazón es feliz. Nuestra mente quiere tener; nuestro corazón, ser

Estrategia para desaparecer el dolor

Algunas veces que jugaba con mis hermanos, cuando éramos niños, se me pasaba un poco la mano y terminaba haciéndoles llorar; sabía que tenía que contentarlos antes de que llegara mi padre, porque si no, pagaría las consecuencias, ya que yo era el mayor y me los había encargado, así que hacía cualquier tontería para que ellos la vieran, me prestaran atención y, una vez que tenía su atención, reírme y contagiar mi risa hacia ellos; inmediatamente dejaban de llorar y se reían, a mí me daba más risa porque los veía riéndose mientras estaban llenos de lágrimas, al verme en ataque de risa, también se contagiaban con una risa incontenible; esa era la forma en la que el llanto desaparecía.

Después de algunas veces que les aplique a mis hermanos el truco de hacerlos pasar del llanto a la risa, es decir, de una cualidad de un estado del ego a una del ser, ellos ya lo habían notado. Muchas otras veces querían llorar después de haber reído para que mi padre me regañara, pero no podían volver a llorar, la risa había eliminado el llanto, así que lo que hicieron para contrarrestar mi truco era que después de que los hacía llorar, se alejaban de mí para que no intentara cambiar su actitud y así mi padre me regañara solo a mí, si los encontraba llorando.

Cuando somos niños, nos es demasiado fácil pasar de un estado del ego a uno del ser, sin necesidad de justificarlo o de que haya alguna razón para ello; el sufrimiento puede desaparecer en un instante si estamos en contacto con la frecuencia de alguien más con un estado de ser diferente. Cuando somos niños, cambiar el enfoque de nuestra atención nos es demasiado fácil.

Curar a un niño de una enfermedad es fácil, aliviarlo de un malestar es fácil, lo difícil es hacerlo con un adulto, ya que está lleno de prejuicios e ideas que le prohíben alterar su estado de ego.

El dolor es un aviso a la mente de que ha ocurrido un daño en el cuerpo. El dolor es solo un mecanismo natural para avisarnos, éste solo dura un corto periodo de tiempo, lo que sigue después de éste es el sufrimiento y éste puede llegar a ser eterno. El dolor se produce en el cuerpo y va hacia la mente y corazón, el sufrimiento, en cambio, viene de la mente y el corazón y contamina al resto del cuerpo. La mayoría de las veces, nuestro cuerpo no mejora porque estamos vibrando en estados del ego y sus cualidades como sufrimiento, al vibrar en esa frecuencia el cuerpo permanece enfermo. Para cambiar esa actitud de sufrimiento, es necesario enfocar la mente hacia un nuevo objetivo que manifieste un estado de ser más elevado y haga vibrar al corazón. En otras palabras, cualquier malestar deja de existir en la medida de que tu atención se enfoca en otra emoción, olvidando el malestar. Para hacer esto, puedes valerte de mil cosas, entre ellas, disfrutar de una película, de una puesta de sol, etc. Como decía el Dalai Lama: "Si la mente está ocupada de pensamientos positivos, es más difícil que el cuerpo enferme".

> *El mundo se conquista desde el corazón, nunca desde la mente, la mente podrá engañar al corazón, pero el corazón es quien ejerce su influencia en el ambiente*

La cura eres tú

Nuestro cuerpo posee en sí mismo la habilidad de curarse. Para ello, se recurre a silenciar la mente, valiéndose de métodos como rituales, danzas, meditación, yoga. El fin de silenciar la mente es dejar que nuestro cuerpo no sea dirigido por ella, sino por el corazón, ya que nuestra mente resulta ser nuestra más grande limitante.

Cuando silenciar la mente no funciona debido al caos mental existente, se recurre a otros métodos. Si no se puede silenciar la mente para manifestar curación, entonces hay que distraerla o engañarla. Para engañar a la mente se recurre al llamado efecto placebo. El efecto placebo es una sustancia o elemento que no posee propiedades curativas, sin embargo, esto no lo sabe el paciente, únicamente el doctor. El efecto placebo se reduce a una cuestión de fe.

Como dato curioso, quienes son más beneficiados por el efecto placebo son los niños, pues ellos tienen más disposición a creer sin razonar y creer es lo único que se necesita para propiciar la curación.

Si tú eres un hombre razonable, lógico y sumamente mental. Lo más probable es que los métodos alternativos de curación no funcionen para ti. Sin embargo, pueden funcionar en la medida en que los llegues a comprender. Puedes ser una persona muy racional y probablemente no creas en el poder de la fe porque lo tachas de charlatanería, sin embargo, crees en el poder de la razón y a éste le das el nombre de ciencia. Ambos son una cuestión de fe (relee la frase anterior). Creer en la ciencia y otorgarle poder únicamente a ésta consiste en beneficiarse de los avances y desarrollos de la misma. Por ejemplo, si alguien sufre una lesión muy grave y la ciencia condena a esta persona a permanecer paralítico, debido a que en este tiempo no hay avance tecnológico para curarlo, la persona tiene dos opciones: esperar a que la tecnología avance o buscar fuera de la ciencia y encontrar otras opciones. Los beneficios de la ciencia solo los experimentan quienes se enfocan en ella, lo mismo sucede con los de la magia.

El cuerpo humano posee y produce todos los activos para propiciar la curación. Diariamente, nos relacionamos con toda clase de virus y bacterias, pero mientras los desconozcamos o creamos que son inofensivos, así lo serán. En el momento en que los identificamos y conocemos sus peligros, experimentamos miedo, por lo tanto, somos vulnerables a enfermarnos.

A veces pareciera que es mejor no conocer, porque el conocimiento es perjudicial para quien lo tiene. Lo es porque la persona conoce más del exterior que del interior, porque conoce más del ambiente que de sí mismo. Si las personas tuvieran más conocimiento de sí mismas y del ambiente, se darían cuenta de que tienen más poder que las circunstancias.

> *El conocimiento exterior es conocido como ciencia. El conocimiento interior como magia*

Nuestra ciencia actual, en la medida que avanza, descubre nuevas y más avanzadas enfermedades. Cada descubrimiento es un paquete de información que actúa como un programa en nuestro cerebro. Si el descubrimiento es una enfermedad, lo instalamos en nuestro cerebro al conocerla y al sentirla constantemente llegaremos a experimentarla en carne propia. Nuestra mente y nuestro corazón son un *software* súper avanzado que altera al *hardware* que es nuestro cuerpo.

Como ya sabes, el efecto placebo no tiene poder en sí mismo, más que el que tú le das; o sea que el poderoso o el del ingrediente activo eres solo tú. También existe el opuesto llamado efecto nocebo. El efecto nocebo son todas aquellas sustancias o elementos que sí tiene poder activo para curarte, pero no te cura, debido a que no crees en la curación del mismo. Esto sucede muy a menudo a casi todas las personas al tomar medicamentos recetados por doctores, si no creen en el medicamento o en el doctor, sencillamente no hay magia en la ciencia. Esto pone de manifiesto que la ciencia también es una cuestión de fe.

Existen cuatro caminos por los cuales se puede experimentar salud o enfermedad al ingerir sustancias con o sin activo para producir curación, estos son los que mencionan la siguiente tabla.

Nombre del camino experimentado	Condiciones en el individuo
Magia	Cuando el individuo se enferma al ingerir sustancias que en realidad no tienen medicamento activo
Efecto placebo	Cuando el individuo se sana al ingerir sustancias que en realidad no tienen medicamento activo
Efecto nocebo	Cuando el individuo se enferma al ingerir sustancias que si tienen medicamento activo
Ciencia	Cuando el individuo se sana al ingerir sustancias que sí tienen medicamento activo

*Tabla de caminos experimentados

La magia es una cuestión de fe. El efecto placebo es una cuestión de fe. El efecto nocebo es una cuestión de fe. La ciencia también es una cuestión de fe. Cualquier sustancia, tenga o no el activo para enfermarte, lo hará si tú se lo permites. De igual manera, cualquier sustancia que tenga o no el activo para sanarte, lo hará si tú también se lo permites. Por lo tanto, sanarse no es más que una elección personal y el poder para hacerlo no está en ninguna clase de medicina ni medicamento, tampoco está en un chamán o doctor. El poder verdadero para la curación radica dentro de ti.

El efecto placebo te demuestra que no tiene que ser real para que funcione, si es real para ti, funcionará. El efecto nocebo te demuestra que aunque sea real, para ti podrá no serlo. La verdadera realidad es tu realidad y es esa la que experimentarás constantemente. Cuando eres un ser limitado, tu realidad se encuentra limitada; también cuando te conviertes en un ser ilimitado, tu realidad pasa a ser ilimitada y es ahí cuando definitivamente puedes hacerlo todo. Tú decides qué camino elegir: ciencia o magia, mente o corazón. Te recomiendo los dos de manera simultánea. Sin duda, la verdadera cura está dentro de ti y esa eres tú.

El mejor método de sanación

Un hospital es un medio donde se trata la enfermedad. Los médicos son eruditos de las enfermedades, las conocen todas, se cuidan de todas, le temen a algunas y contagian sus miedos a los pacientes. En los hospitales se concentra una vibra de malestar desde que se accede a ellos. Suele pasar que cuando una persona ingresa a un hospital o se somete a un tratamiento para luchar con la enfermedad, esta persona empeora su estado de salud. Los médicos hacen énfasis en los malestares, su atención se enfoca en los malestares, y cuando su atención está enfocada en ellos, la enfermedad aumenta. Cuando te resistes y luchas contra una enfermedad, ésta aumenta. Cambia todo lo negativo en tu vida, empezando con tu manera de pensar; deja de pensar en enfermedad y piensa en salud. Cambia tu manera de sentir y siente solo bienestar.

> *Si un médico habla más de enfermedad que de salud, ten por seguro que empeorarás a su lado, ya que es probable que él esté más enfermo que tú y termine contagiándote.*

La enfermedad es una consecuencia y no podrás erradicarla hasta encontrar la causa. Los tratamientos actuales que aconsejan las farmacéuticas van directo contra la consecuencia. La causa de todas las enfermedades viene del corazón y son todas las sensaciones negativas que puede experimentar éste. Cuando una sensación negativa te ha hecho sentir algún tipo de malestar, tu sistema inmunológico tiende a bajar y eres propenso a enfermarte. Todas y cada una de tus células reacciona a lo que piensa tu mente y siente tu corazón. Recuerda que *mente sana más emociones sanas, dan como resultado un cuerpo sano.*

¿Has notado que cuando estás deprimido eres susceptible a enfermedades y finalmente enfermas, pero cuando estás emocionado o vas a hacer algo estimulante, puedes curarte instantáneamente? La verdadera magia de la sanación consiste en entretener tu mente para que por naturaleza, tu cuerpo sane; para entretener tu mente, puedes hacer tantas cosas como se te ocurran o te salgan espontáneamente, el caso es hacer algo estimulante capaz de distraerte, algo que te permita concentrarte solo en el momento presente.

Hace tiempo, me contó un amigo que tenía una gripe y, sabiendo de su condición, se fue de parranda con otros amigos y se puso tremenda borrachera, la disfrutó tanto, se la pasó tan bien que se le olvidó que tenía gripe. Hay personas que toman para ahogar sus penas y otras para disfrutar. El alcohol, como cualquier droga, lo que hace es potencializar tus emociones; si estás mal, acabarás peor, pero si estás bien, te sentirás estupendo. No es una recomendación para que vayas a embriagarte para experimentar lo que te digo, solo es un ejemplo ilustrativo.

> *Si el corazón está para vibrar, hay que vibrar en positivo*

Pon en práctica lo siguiente:

Si un día tienes un dolor de cabeza, te reto a que te pongas una enchilada con un gazpacho muy picante, que comas tanto picante hasta que llores, hasta que te arda la lengua, hasta que te pongas rojo. Cuando ya no aguantes, busca la manera de quitarte lo enchilado con todos los medios posibles: agua, algo dulce, algo lácteo; cuando te relajes, te habrás dado cuenta de que el dolor de cabeza ha desaparecido. El dolor de cabeza estaba ahí porque tus pensamientos y sentimientos lo alimentaban, la enchilada distrajo tu mente y tu corazón y ya no hubo manera de alimentar el dolor de cabeza; estabas concentrado en el momento presente y era tan estimulante que no te permitía estar pensando o sintiendo otra cosa que no fuera el picante que sentía tu lengua. Simplemente, la magia de la curación espontánea ocurrió cuando te enfocaste en el momento presente. Muchas veces, para que esto ocurra tiene que pasarte algo emocionalmente fuerte. Sea cual sea la enfermedad que tengas, solo deja de alimentarla, disfruta el momento presente y verás que cuando no la alimentas ésta muere por falta de atención.

> *El secreto para una buena salud está en que el corazón vibre, el cuerpo se agite y la mente repose*

Otro ejemplo:

Si un día te da una gripe, ¿qué solución se te ocurre?, ¿qué harías si ya sabes que la técnica consiste en distraer tu mente del pasado o futuro y solo disfrutar del momento presente? Lo que yo haría es tener sexo, disfrutar de una noche de sexo tan placentero, tan emocionante, tan estimulante, una noche de sexo que te mantenga vibrando en esa emoción y una vez que haya terminado, la enfermedad habrá desaparecido. Te reto a comprobarlo.

> *Solo te podrá aliviar lo que te hace sentir bien, por eso, antes que al médico, llama a tu mejor amigo(a)*

Entre otras soluciones para distraer tu mente, se encuentran un baño de vapor, una celebración importante, dar gracias a Dios o al universo, disfrutar del ejercicio, lanzarte de un paracaídas, hacer algo extremo sin que corra riesgo tu vida, experimentar con fuego, experimentar con hielo, asistir a un concierto estimulante para ti, escuchar música que te haga volar, pintar una obra de arte que te entusiasme, hasta escribir un libro es sanador.

En fin, lo que hay que hacer es algo que disfrutes tanto que tu cuerpo se equilibrará en salud.

Así que desde ahora, yo te recomiendo que te vistas de manera alegre, no importa la edad que tengas, olvida las etiquetas sobre que te vistes de manera inapropiada para tu edad o círculo social, solo sé tú y has las cosas como si nadie te viera, usa colores vivos y accesorios que te hagan sentir joven, cambia de imagen, usa calzado juvenil, un vehículo más deportivo, lo que usarías si te encontraras en la mejor etapa de tu juventud, deja de ser tan serio e inflexible y sonríe, vive despreocupado, vive feliz, viaja constantemente, aprende cosas nuevas; el estancarte en las mismas ideas también es enfermizo, aprende un idioma nuevo, conoce una cultura distinta, sal de la rutina, haz algo diferente, haz algo atrevido, haz una locura, diviértete como un niño; todo esto fomenta el *estado de ser salud*. Aléjate un poco de la ciudad, evita las personas negativas, levántate temprano y haz que cada día sea importante, vive diario al máximo, desarrolla aquellas ideas que te estimulen, ayuda a las demás personas, no todo en esta vida tiene un beneficio económico, sal a caminar al parque, pasea en bicicleta, canta, baila, practica algún deporte; esto y mucho más te ayuda a crear un estado de ser cada vez más saludable y te llevan a vivir una vida que vale la alegría. Alejandro Jodorowsky menciona que "la vida es una fuente de salud, pero esa energía surge sólo donde concentramos nuestra atención. Esta atención no sólo debe ser mental sino también emocional, sexual y corporal. El poder no reside ni en el pasado ni en el futuro. La salud se encuentra aquí, ahora".

Bendiciones para ti. Deseo la mejor salud para tu ser y que tengas una larga vida.

Complemento interactivo: melodía de poder

Ahora reproduce la **Melodía Salud**, misma que puedes encontrar en el buscador de YouTube con el titulo _Melodía Salud - Los estados del Ser_ ó en el siguiente código QR que te manda a la lista de reproducción del material interactivo de la obra:

Conecta con la salud, siéntela. Déjate llevar por la música. Trae a tu mente todas las escenas que te hagan sentir saludable. Crea nuevas escenas donde te sientas saludable y, por supuesto, tú seas el protagonista.

Puedes reproducir esta melodía tantas veces como sea necesario y escucharla tantos días como sientas que te haga falta. Recuerda que mientras más conectas con la salud, más salud surge en tu ser. Escucha la canción toda la noche en modo de repetición, mientras duermes. Disfruta la experiencia.

CAPÍTULO AZUL:

ESTADO DE SER VERDAD

Elemento interactivo: Ondas binaurales

Este capítulo incluye material interactivo que consiste en la reproducción de un audio de ondas binaurales, para potencializar tu poder de concentración. Este audio deberá reproducirse mientras se lee el capítulo, para hacer de la lectura una experiencia placentera. Reproduce la melodía llamada *Ondas binaurales para la concentración.*

Las ondas binaurales para la concentración las encuentras en el buscador de YouTube con el titulo *Ondas binaurales para la concentración - Los estados del Ser* ó en el siguiente código QR que te manda a la lista de reproducción del material interactivo de la obra:

Se recomienda que uses audífonos, para una mejor experiencia. Recuerda que la finalidad es disfrutar la lectura, ya que disfrutando aprendes mejor.

ESTADO DE SER VERDAD

*Hay que soñar en voz alta, hay que cantar
hasta que el canto eche raíces, tronco, ramas, pájaros,
astros, cantar hasta que el sueño engendre y brote
del costado del dormido la espiga roja de la resurrección.*

OCTAVIO PAZ

Los mensajes que expresamos verbalmente se originan tanto en el ego como en el ser. Cuando el mensaje viene del ego es mentira, cuando el origen es el ser es verdad. A medida que conectemos más con nuestro ser para emitir mensajes, hacemos de la verdad un estado de ser, somos hombres verdaderos, auténticos y originales y esto se percibe por tu entorno.

Es imprescindible saber comunicarse de la forma correcta para poder realizarnos como personas. Imagina cuánto podrías realizar en tu vida si lograras comunicarte efectivamente. La comunicación es la manera más efectiva de que tu ser se exprese. Si tu comunicación es limitada, no es que tú lo seas, sin embargo, tu expresión está siendo limitada por tu ego. Por eso, en la medida que dejas fluir la verdad dentro de ti, dejas fluir al ser que eres y las demás personas lo pueden percibir en lo que escuchan.

Una persona que sabe comunicarse es, en definitiva, un gran líder que deja impacto, que no pasa desapercibido. Para dejar huella, todo el ser que eres tiene que llegar a ser escuchado y para ser escuchado tiene que dominar la manera de hablar, haciendo que todos los oídos se detengan a contemplarlo. Lo que verdaderamente tienes que decir sale de lo más profundo de ti mismo, sale de tu propio ser.

Somos seres sociales

A medida que avanza la tecnología de nuestra humanidad, nuestra capacidad de relacionarnos se obstaculiza. Nuestra sociabilidad se estanca y parece que necesitamos exclusivamente de aparatos o dispositivos para poder interactuar con las demás personas.

Los jóvenes de hoy establecen comunicación más fácil con quienes están del otro lado de un dispositivo tecnológico. No son capaces de saludar a su vecino, a quien ven a diario, sin embargo, poseen muchos amigos virtuales.

La sociedad se ha hecho demasiado individualista y se sigue desarrollando de esta manera, a pesar de ir en contra de lo que verdaderamente significa el término sociedad. Una sociedad está formada por seres sociales, no de seres individuales. En una sociedad, los seres interactúan constantemente y necesitan las habilidades de todos para apoyarse entre sí. El pensamiento individualista va en contra de la sociedad, ya que el bienestar se busca siempre para una sola persona y no para todas, como quizá debiera ser.

Imagina qué grandiosa sería la humanidad si no solo se fomentara el desarrollo de la individualidad, sino también el desarrollo de la sociedad. Al pensar de manera social, la gente se vuelve interactiva con las demás personas. Para interactuar no son exclusivos necesariamente los dispositivos electrónicos, debemos reconocer que antes que eso, contamos con elementos que son capaces de hacer posible la tan esencial comunicación. A nuestro ser, en esencia, le gusta expresarse. Una de las maneras más efectivas de expresarse es la comunicación oral. Expresarse a través de la comunicación es todo un arte y los verdaderos artistas son quienes obtienen los beneficios del uso de la palabra y su poder.

Necesitamos ampliar nuestra conciencia y no limitarnos a ver como nuestra familia únicamente a quienes tienen lazos sanguíneos con nosotros. Nuestra familia es toda la humanidad. Así como interactúas con tu familia y tienes la facilidad de expresarte sin miedo, puedes hacerlo también con tu vecino, con un amigo, con un desconocido. El miedo a expresarte debe ser transformado en alegría o en cualquier otra emoción positiva que no te paralice, sino al contrario, que te impulse. Si te consideras un ser portador, por ejemplo, de felicidad, por qué limitarse a llevar solo la felicidad a nuestros conocidos. Todo empieza a cambiar cuando tú cambias. El acto de saludar a un vecino marca la diferencia; entablar una charla con un desconocido te ayuda a mejorar tus habilidades sociales; las habilidades sociales te ayudarán a alcanzar toda clase de éxitos que desees.

> *Cuando estés en sociedad actúa pensando en nosotros, cuando estés en soledad actúa pensando en ti*

Hay un ejemplo donde un antropólogo propuso un juego a los niños de una tribu africana. Puso una canasta llena de frutas cerca de un árbol y le dijo a los niños que aquel que llegara primero ganaría todas las frutas. Cuando dio la señal para que corrieran, todos los niños se tomaron de las manos y corrieron juntos, después se sentaron juntos a disfrutar del premio. Cuando él les preguntó por qué habían corrido así, si uno solo podía ganar todas las frutas, le respondieron: "Ubuntu", ¿cómo uno de nosotros podría estar feliz si todos los demás están tristes? "Ubuntu": Yo soy porque nosotros somos. Como ves, los niños naturalmente se rigen por su corazón y no por condicionamientos mentales. Es decir siguen a su ser y no a su ego.

Si analizas a los niños, notarás que éstos viven sin prejuicios sociales y les es más fácil establecer amistad con otros niños, contrario a lo que le cuesta a un adulto con otro. Esto se debe a que los niños utilizan menos su mente y más su corazón, son más intuitivos, son más emocionales, son más sociales. La sociabilidad es una característica propia del corazón, mientras que la individualidad proviene del cerebro.

Los niños, cuando llegan a la juventud, tienden a cambiar sus maneras de comunicarse, debido a que desarrollan más su cerebro que su corazón. Los jóvenes intelectuales son más aislados que los emocionales, quienes permanecen en grupos sociales.

Si tú eres de las personas intelectuales, te recomiendo desarrollar habilidades emocionales. Si eres de las personas emocionales, te recomiendo desarrollar las habilidades intelectuales. Desarrolla ambas, te harán un ser completo.

El poder del decreto

Decretar no es lo mismo que hablar. Hablar consiste en utilizar las palabras del lenguaje para una comunicación con otra persona. En cambio, decretar consiste en hablar con energía, ya sea contigo, con alguien más o con el propio universo. Esta energía se emite por medio de emociones.

Un ejemplo de hablar sería: "Hola amigo, ¿cómo estás? Mira, vengo a invitarte a nuestro próximo evento juvenil que se llevará a cabo este fin de semana". Un ejemplo de decretar sería: "Esta empresa, en menos de un año, será un éxito nacional (mientras lo dices posees la convicción de que así será y, posteriormente, actúas de acuerdo con tu decreto)". Como ves, hablar consiste en comunicarte, pero decretar es más que eso, decretar es comunicarte, pero con energía y crear eso que expresas.

El poder del decreto resulta más efectivo que el poder del pensamiento. Un pensamiento unido a una emoción tiende a hacerse realidad cuando la emoción posee la energía necesaria para manifestar lo que se desea. Por ejemplo, si lo que quieres es cambiar de trabajo, solo mantén esa energía o emoción por un lapso de tiempo suficiente, hasta que esa energía sea de la magnitud de lo que quieres manifestar, entonces, lo atraerás a tu vida. Con el decreto ocurre algo diferente. Piensas lo que sientes y además lo decretas, es decir, hay energía emocional al sentirlo, energía del pensamiento al pensarlo y energía sonora al decretarlo.

La emoción es esa energía magnética que le da poder de atracción a nuestro pensamiento. Nuestro pensamiento es la energía eléctrica que le da forma a nuestra emoción. Ambos forman una energía electromagnética que es exactamente de lo que está hecha la estructura de la realidad.

Energía masculina: Pensamiento = Energía mental = Energía eléctrica

Energía Femenina: Emoción = Energía emocional = Energía magnética

---

Hay un tercer tipo de energía que no es más que una extensión de las dos primeras: el decreto. Utilizando estas tres, el poder de materializar tiene más alcance y mejores resultados.

> *Energía de extensión: Decreto = Energía sonora =*
> *Energía acústica*

El hábito de decretar es muy poderoso, ya que lo que das, recibes. Todo aquello que tú decretas lo recibirás en tu vida. A medida que decretas, tu persona se convierte en eso decretado y eso manifestaras en tu vida. Nota que cuando una persona canta constantemente una canción de desamor, de soledad o de pobreza, esa melodía define constantemente sus situaciones. Cada canción que cantas es un decreto que emites y tiene energía para mantenerte en la vibración de lo que cantas. Te recomiendo que seas selectivo con qué música escuchar y aún más en lo que cantas. La declamación, la recitación, el canto y la oratoria son maneras de decretar, son maneras de crear una realidad.

Cuando un mensaje viene del ser, sin duda es verdadero, ya que viene de la verdad. Los niños son los que conectan más fácil con su ser, es por eso que siempre dicen la verdad. De igual manera, un decreto tiene poder cuando se expresa desde el ser, desde la verdad, su verdad. Existe una manera para que tu decreto incremente su energía a niveles muy elevados. El secreto del decreto es que seas escuchado por multitudes. Mientras más personas escuchan tu decreto y haces vibrar sus corazones (usando cualquier técnica, ya sea oratoria o canto), entonces tendrás más energía para poder materializar.

> *Cada decreto que emites, acumula tanto poder como corazones haces vibrar*

En la siguiente tabla se muestran ejemplos ilustrativos e hipotéticos sobre el impacto que podría tener el uso de las tres energías que crean el decreto.

Fórmula de energías involucradas	Resultado	Manifestación en la realidad
Pensamiento + emoción =	Imaginación	60 días
Imaginación + habla =	Decreto	30 días
Imaginación + habla + 2 corazones que vibran =	Decreto e imaginación colectiva	15 días
Imaginación + habla + 3 corazón que vibran =	Decreto e imaginación colectiva	10 días
Imaginación + habla + 30 corazones que vibran =	Decreto e imaginación colectiva	1 día

*Esta tabla es solamente ilustrativa, porque el tiempo para materializar un decreto no se puede precisar, así como tampoco la energía de cada corazón.

Imaginemos que estás a punto de emprender un negocio, un centro de café que tendrá como ambientación cómics y superhéroes. Supongamos que tú eres un experto en oratoria. En la presentación de tu café, ante un auditorio juvenil, estás hablando con el corazón, estás hablando con mucha emoción y haces vibrar los corazones de tu público. Ten por seguro que todos aquellos que vibraron con tu discurso se han convertido en tus clientes. Como ves solo bastó un discurso para aclientar tu negocio y, siguiendo este camino, tu negocio puede alcanzar un gran éxito.

El secreto del decreto es tocar corazones para producir acciones

Dale poder a tus palabras

Las personas se conocen por la manera de hablar. Cuando hablas, tu ego o ser se están expresando. Al expresarte eres conocido. La personalidad de cualquier individuo se identifica al escucharlo. Al escuchar sus palabras, escuchas sus emociones, entonces, escuchas su ego o ser. Nuestra voz tiene la capacidad de ir a donde nuestra presencia no alcanza. Si nuestras palabras son emitidas desde el ego nuestro lenguaje es limitado porque el ego es limitado, en cambio nuestro ser es ilimitado y si nuestras palabras son emitidas desde ahí están tienen mucho más poder. El lenguaje es una extensión más para que el ser se exprese.

Cada discurso que emites tiene poder en su expresión cuando tú tienes poder en tu persona. Si tu mensaje carece de poder, eres tú quien carece de poder. Si careces de poder es porque sigues sintonizando con los estados del ego y sus cualidades.

Cuántos grandes oradores a lo largo de la historia han transmitido un mensaje intelectualmente pobre y carente de lógica, sin embargo, han trasformado el mundo. Más fuerte que el mensaje es la energía de quien lo transmite, por ejemplo, no es lo mismo que un promotor de ventas de una compañía telefónica te dé un discurso de prosperidad a que te dé el mismo mensaje el multimillonario Donald Trump. Definitivamente, un mensaje emitido por una persona que no es un ejemplo de dicho mensaje carece de poder. El mensaje tiene que ser parte de ti, para que puedas mover a otros corazones. El mensaje tiene que ser una verdad en ti.

Todos los niños son capaces de tocar más corazones que la mayoría de los adultos preparados. El problema con los adultos es que ensayan tanto un mensaje y lo dicen de acuerdo a sus propios intereses, no desde sus anhelos. Tus intereses provienen del ego, tus anhelos del ser. Un niño, a diferencia del adulto, es auténtico, original, es como es. El verdadero ser es quien le da poder a un mensaje. No hay nada más indignante que un hombre falso de palabras y no hay nada más motivante que ver a un hombre con corazón de niño, es decir a un hombre poderoso, que trasmite mensajes desde su ser, porque él es el mensaje.

> *Ver a un hombre con corazón de niño es tan grato como ver a un verdadero niño*

Los hombres que han trascendido y han trasformado el mundo, son los hombres que han permanecido como niños emocionales y le han sido fiel a su propio ser. Son los hombres que son congruentes con su mensaje y sus acciones. Son los hombres verdaderos.

> *No hay nada mejor que poseer el intelecto de un hombre y el corazón de un niño*

Un amigo me dijo una vez: "Si quieres alcanzar un éxito trascendente, tienes que ser la expresión de tu proposición, tienes que ser el mensaje en acción". Desde entonces, si voy a hablar de algo y quiero ver resultados, necesito hablar con mis actos, no solo con mis palabras, necesito ser el ejemplo, necesito ser verdadero.

Muchos padres le dicen a sus hijos: "Quiero que seas una persona preparada, no quiero que andes de vicioso, porque quiero que seas hombre de bien". Muchos de estos padres, mientras dan instrucciones a sus hijos, actúan de manera contraria, viven en la incongruencia, con hábitos que contradicen sus palabras, sumergidos en el alcoholismo, por ejemplo. El resultado es que sus hijos siguen el ejemplo, no sus palabras. Por lo tanto, el hijo sigue el camino del padre, aunque éste no se lo muestre; lo sigue porque permanece constantemente en su presencia formada por sus actos.

Existen otras familias disfuncionales donde el padre inculca a los hijos la religión y algunas prácticas espirituales. Sin embargo, él es al mismo tiempo un hombre corrupto e infiel a su esposa. El mensaje que este tipo de padres dan a sus hijos carece de toda autoridad, ya que no son su palabra, no son el mensaje que trasmiten. La educación hacia los hijos no se da por lo que estos oyen, sino por lo que los padres les trasmites emocional y vibracionalmente, sean conscientes o no. Cuando una persona es verdadera y tiene poder, sus mensajes serán igualmente poderosos y llenos de verdad.

Cuando eres congruente contigo mismo y te encuentras ante cualquier clase de auditorio, ya sea una o miles de personas las que te escuchan, tu mensaje tendrá poder cuando tu corazón sienta toda esa energía emocional y la trasmita implícita en el mensaje. Aunque parezca ilógico, las personas no escuchan las palabras, las personas escuchan las emociones. Las palabras solo se oyen. Un mensaje sin emoción se olvida casi instantáneamente. Como afirman muchas personas: "A las palabras se las lleva en viento". En cambio, cuando las palabras están impregnadas de energía emocional son capaces de llevar a la acción hazañas extraordinarias.

> *Las palabras se vuelven hechos cuando salen del corazón*

Un mensaje desde el corazón lleva a la acción. Un secreto de un orador que se expresa desde la verdad de su ser es cerrar los ojos antes de llegar al clímax de su discurso; de esta manera accede a lo más dentro de sí mismo, a su ser, a su imaginación y se concentra solo en eso y no en el público, en ese momento ejerce mayor influencia.

Los mejores maestros que he tenido son aquellos que le imprimen emociones a sus enseñanzas, que se funden en su propio mensaje. Las palabras se olvidan fácilmente, lo que se recuerda es cómo te hicieron sentir. Al parecer, la memoria del cerebro es temporal, pero la del corazón es eterna. Sin duda, el corazón posee tantas habilidades ocultas, quizá mayores a las del cerebro.

En resumen, para darle poder a tus palabras, hay que darle poder a tu propio ser. Para darle poder a tu ser, tu cerebro y tu corazón deben estar alineados y jalar en la misma dirección. Esto no debe realizarse solo en discursos ante auditorios, esto se debe hacer en todo momento, en todo lugar y estés con quien estés. Tienes que mantener la integridad como un estilo de vida. Tienes que ser congruente en lo que hablas, haces y eres. Tienes que ser verdadero hasta convertirte en la verdad.

Los argumentos poco convencen, ya que éstos van a la mente, lo que verdaderamente convence e incita a la acción es el corazón. Cuando se habla desde el corazón, el poder de persuasión es enorme, esto es porque en el corazón está la verdad y hablas desde la verdad, desde el ser.

Para mantener el poder en nuestro ser, es necesario ser íntegros con nuestro mensaje. El hecho de no cumplir nuestras promesas equivale a falta de verdad y, por ende, falta de energía. Ceder tu palabra y no hacerla valer te mantendrá drenando tu energía. La promesa que no se cumple es como la deuda que no se paga, por eso, lo comúnmente dicho: "lo prometido es deuda", es un desgaste de energía. Si posees el hábito de prometer y no cumplir aquello que prometes, tu energía personal se mantiene en niveles muy bajos. Cuando tú careces de energía, tus palabras carecen de poder. Si hay algo que prometes y no cumples, lo mejor es renegociar esa promesa o desde un inicio nunca comprometerte, si no estás dispuesto a cumplirlo. Libérate de ese hábito de prometer y no cumplir, eso es de las personas débiles de carácter. Prometer y cumplir es de personas de carácter poderoso, personas de corazón invencible. Así que ¡dale poder a tus palabras!

> *Prometer y no cumplir es endeudarse y no pagar. Si no pagas, la vida te cobrará con energía, es decir, con desgaste. Mejor paga y cumple*

El gran secreto de los oradores radica en apasionarse por lo que hablan. No se preocupan por lo que van a decir, ya lo saben, porque lo que dicen es lo que ellos ya lo son. El secreto antes de cualquier gran discurso no es el discurso mismo, sino inspirarse, apasionarse o entusiasmarse, de esta manera, el discurso fluye y provoca un fuerte impacto. En palabras de Jesucristo, éste les decía a sus apóstoles: "no se preocupen de que dirán, en ese momento se les inspirara y el espíritu santo hablara por ustedes". Recordemos que el espíritu santo representa al principio femenino del universo que es la energía, para acceder a esta es necesario conectar con el corazón, sintonizar desde el ser.

Un hombre verdadero

Día 28 de agosto de 1963. Frente al Capitolio de los Estados Unidos se habían reunido más de 250 mil personas en una marcha llamada "Por el trabajo y la libertad". En esa época, los afroamericanos eran discriminados por los blancos, evitándoles entrar a restaurantes, hoteles, escuelas y trabajo en general. La marcha tenía como finalidad un trato civil más justo hacia los negros. Esta marcha no era la primera que se había hecho causada por la segregación racial existente en los Estados Unidos de Norteamérica.

Cuando la multitud llegó al Capitolio, se rindió homenaje a todos los discriminados por medio de canciones; posteriormente, todos los oradores empezaron a dar sus discursos, pero hasta que Martin Luther King tomó la palabra hubo un cambio total en la energía de las personas. Después de hacerle ver a la población las injusticias cometidas por los blancos, terminó con un discurso en el cual ponía a la multitud a soñar; he aquí un fragmento:

Amigos míos, os digo hoy: todavía tengo un sueño. Es un sueño profundamente enraizado en el sueño americano.

Tengo un sueño: que un día esta nación se pondrá en pie y realizará el verdadero significado de su credo: "Sostenemos que estas verdades son evidentes por sí mismas: que todos los hombres han sido creados iguales".

Tengo un sueño: que un día sobre las colinas rojas de Georgia los hijos de quienes fueron esclavos y los hijos de quienes fueron propietarios de esclavos serán capaces de sentarse juntos en la mesa de la fraternidad.

Tengo un sueño: que un día incluso el estado de Mississippi, un estado sofocante por el calor de la injusticia, sofocante por el calor de la opresión, se transformará en un oasis de libertad y justicia.

Tengo un sueño: que mis cuatro hijos vivirán un día en una nación en la que no serán juzgados por el color de su piel, sino por su reputación.

Tengo un sueño hoy.

Tengo un sueño: que un día allá abajo en Alabama, con sus racistas despiadados, con su gobernador que tiene los labios goteando con las palabras de interposición y anulación, que un día, justo allí en Alabama niños negros y niñas negras podrán darse la mano con niños blancos y niñas blancas, como hermanas y hermanos.

Tengo un sueño hoy.

Tengo un sueño: que un día todo valle será alzado y toda colina y montaña será bajada, los lugares escarpados se harán llanos y los lugares tortuosos se enderezarán y la gloria del Señor se mostrará y toda la carne juntamente la verá.

Suene la libertad. Y cuando esto ocurra y cuando permitamos que la libertad suene, cuando la dejemos sonar desde cada pueblo y cada aldea, desde cada estado y cada ciudad, podremos acelerar la llegada de aquel día en el que todos los hijos de Dios, hombres blancos y hombres negros, judíos y gentiles, protestantes y católicos, serán capaces de juntar las manos y cantar con las palabras del viejo espiritual negro: "¡Al fin libres! ¡Al fin libres! ¡Gracias a Dios Todopoderoso, somos al fin libres!

Un año después se aprobó la ley de derechos civiles de 1964, donde se garantizaban derechos iguales para vivienda, servicios y escuelas públicas y el derecho al voto. King obtuvo el Premio Nobel de la Paz y fue nombrado el hombre del año por la revista TIME.

Análisis del acontecimiento

En esa época, los negros no eran aceptados por los blancos y por esto se exigía justicia en la sociedad norteamericana. Al principio, cada vez que se manifestaban los negros eran silenciados inmediatamente, aun así las manifestaciones seguían creciendo. Posteriormente, éstas pasaron de ser manifestaciones a marchas masivas.

Una manifestación es una reacción al sistema en el que se vive mientras que una marcha es una acción para cambiar las cosas. Reaccionar ante un enemigo más fuerte y con más poderío militar no funcionaría, por eso, los negros utilizaron la acción para hacer reaccionar al sistema. La reacción es muestra de debilidad, la acción es muestra de poder. La manifestación es reacción, la marcha es acción.

Los oradores del movimiento no proponían venganza, sino justicia, no reaccionaban, estaban accionando. A lo largo de la marcha, se hizo mención de las injusticias y atrocidades de los negros hacia los blancos. La marcha había tenido un impacto tan grande que a ella asistieron también blancos, ocupando un porcentaje del 20%. Había mucha energía emocional reunida; no solo era la de las

250 mil personas que asistieron, también estaba la de los espectadores desde sus casas y a través de los medios de comunicación. Se concentró tanto poder emocional, que al final de la marcha lo único que se dijo fue el título del famoso discurso: "Tengo un sueño"; discurso que hizo disparar la mente y el corazón de miles y miles de personas utilizando la imaginación para poder visualizar un nuevo futuro. Al visualizar ese futuro, se estaba creando en otro plano, para manifestarse en nuestro mundo.

> *Si la imaginación de uno puede manifestar cosas grandiosas, cuánto hará la imaginación colectiva, la gran Mastermente*

Un hombre verdadero logra grandes transformaciones sociales, Un orador verdadero utiliza la energía emocional de las personas para darle poder a una nueva visión del mundo. Hacia donde está la atención colectiva se crea una realidad inminente. Un orador verdadero es aquel que empatiza con todo su auditorio y lo hace vibrar a su frecuencia emocional y cuando la multitud se encuentra en la misma vibración armónica, su energía se siente en el ambiente y es ese el mejor momento para introducir todas las ideas y las visiones para lograr un impacto en la realidad. Todo esto lo hizo King, con su discurso acerca del sueño, logrando que las multitudes pudieran soñar. Desgraciadamente, King fue asesinado, pero no su sueño. Ese sueño se quedó en los miles de corazones de negros y blancos que presenciaron el momento de la marcha.

Ese sueño tuvo tanto impacto en el inconsciente colectivo que terminó materializándose en la sociedad norteamericana, hasta aceptar la igualdad racial en el sistema y la sociedad en general.

Hoy día, King es considerado uno de los mejores oradores de la historia y no por su estilo de expresarse, sino por el impacto y la transformación que logró en la sociedad al hablar con el corazón. Mencionaba Adolf Hitler que "las revoluciones profundas, de largo curso y de huella duradera, no las hacen los escritores, sino los oradores". Esto se debe a que los escritores utilizan la energía masculina y femenina (pensamiento y emoción) para poder crear. El orador utiliza estas dos y además la energía de extensión (decreto). Utiliza el poder de las palabras para llegar más lejos. Estas tres energías las utilizo King logrando transformar la sociedad en la que vivía. Sin duda King fue un hombre verdadero que conecto con la energía de su ser y logro impacto en el mundo.

En el pedir está el dar

Tu manera de comunicarte es una extensión de ti. Hay algunas ocasiones en las que tú, por más que hagas, no podrás provocar los resultados de aquello que quieres manifestar, es en ese momento en el que se debe pedir ayuda. La ayuda se pide cuando reconoces que por tus propios méritos no podrás lograr algo. Ten por seguro que si deseas provocar resultados, las personas responderán a tus peticiones. Recuerda que cuando el corazón, acciona el universo reacciona.

El acto de pedir es una habilidad que los niños dominan más que los adultos. A diferencia de un adulto, cuando un niño pide algo, su petición es atendida porque lo pide desde su ser, en cambio, cuando un adulto pide lo hace desde su ego; he ahí la gran diferencia. Cuando pides desde el egoísmo solo eres atendido si apelas al egoísmo, de otra persona, es decir, si tú quieres ganar algo tienes que hacer ganar también a quien le solicitas eso que quieres. Cuando pides desde el ser, desde lo más profundo de ti, entonces haces vibrar a las personas que te rodean y quien tiene lo que tú pides te lo da sin pedirte nada a cambio. En otras palabras, si pides desde el ego te otorgan con condiciones y si pides desde el corazón, te otorgan desde el corazón.

> *Pedir desde lo más profundo del ser es lo mismo que merecer*

Algunas personas poseen fundaciones para ayudar que se mantienen de las donaciones de la gente. Normalmente, para que este tipo de fundaciones funcionen, deben tener personal comprometido con su causa, es decir, con ayudar, mas no con el dinero que recibirán. Si llega el día en que la fundación cambia de enfoque y piensan más en términos de ganancia que de ayuda, en ese día la institución empezará a decaer. En otras palabras, cuando las personas van a pedir ayuda económica para ayudar a otras personas, su ayuda es atendida por que lo están haciendo desde su ser, pero si solicitan ayuda económica para beneficiarse ellas mismas, diciendo que es para ayudar a otros, lo están haciendo desde su ego y esto se nota, ya sea conscientemente o intuitivamente.

Decía Jesucristo: "Pide con fe y se te dará". Porque el universo otorga a quien reclama lo que cree merecer, porque el universo reacciona a quien acciona desde su ser y lo manifiesta en una petición. Pedir con fe es esperar y no desesperarse. Después de cualquier petición, lo siguiente es la confianza de que llegará, ya que muchos deseos no se cumplen en tiempo real, hay que esperar un poco.

> *En la manera de pedir está el dar, porque cuando el corazón se cierra, la mano se empuña, pero cuando el corazón habla, la mano se abre*

El secreto para que cualquier petición que hagas sea atendida es hablar desde tu ser, desde la verdad y solo pedir cosas que están fuera de tu alcance, porque si generas el hábito de pedir por cosas que puedes tú generar, tu petición será rechazada por las demás personas. Saber pedir es una virtud en donde solo los virtuosos logran resultados, pero si el hábito de pedir se convierte en vicio, el no dar resulta ser una consecuencia. El universo te otorga todo aquello que tú anhelas, ya sea que lo generes tú o que lo pidas a quien lo tiene, quien te lo dará si pides de la manera adecuada, si pides desde tu corazón.

Yo soy la Verdad

Cuántas personas te has encontrado que te han pedido dinero porque su abuelita, según, está enferma y no tienen para su curación; notas que tiene argumentos, mas no credibilidad y, como no les crees, no les ayudas. Si escuchas desde tu corazón, notas que su corazón tramite mentira.

Hacer una petición desde la inseguridad hace que las personas que te darán se sientan inseguras y opten por no darte. En cambio, pedir desde la seguridad hace resonar el corazón de la otra persona en seguridad y ésta decide otorgarte lo pedido.

Una regla muy importante en el arte de pedir es identificar a quien tenga la capacidad de dar. Por ejemplo, ¿cómo te dará un millón de pesos quien no los tiene?, es imposible. Solo te dará aquel que tiene. No pierdas tu tiempo en pedir algo a alguien que carece de lo que tú pides; y no hablo exclusivamente de dinero. Si necesitas un carro identifica a quien tiene uno y exprésale tu petición, si necesitas un favor, pídeselo a quien está en condiciones de dártelo. Recuerda que no todo lo puedes conseguir por tus propios méritos, somos seres sociales y funcionamos en sociedad. También es muy importante que al hacer una petición, expreses tu deseo de forma clara y desde tu corazón, con honestidad, mirando a los ojos, sin humillarte, pero también sin exigir. Cuando alguien facilitará tu petición, lo hará no por compromiso y tampoco por presión; eso no es dar, dar consiste en otorgar de manera armónica.

Si tus peticiones incluyen algo que no has visto en nadie más, pero quieres tenerlo tú, entonces pídeselo a alguien más grande que las personas, lo llames dios o universo, y utiliza la misma técnica como si fuera un ser que conocieras físicamente. Aunque no lo veas, él reaccionara a tu petición.

> *El secreto de pedir no está en lo que pides desde tu lenguaje, sino en lo que pides desde tu ser*

En el pedir está el dar, porque de la manera en que se pide, se recibe, es decir, si pides con exigencia, con rapidez se te negará. Si pides con enojo, con desagrado se te negará. Si pides con lástima, con lástima se te dará. Y si utilizas emociones positivas al momento de pedir, provocarás resultados positivos. Si pides desde el amor con amor se te dará. Si pides desde la felicidad, con felicidad se te dará. Si pides con prosperidad, con prosperidad obtendrás. Decía Mahatma Gandhi: "La vida es como un espejo: si sonrío, el espejo me devuelve la sonrisa"

La magia de las palabras

En la antigüedad, las personas que tenían mucho poder y eran reconocidas, eran aquellas que honraban su palabra, es decir, eran aquellas que hacían todo lo que decretaban; por eso tenían que ser muy cuidadosos en el arte de hablar, pues aquel que no cumplía lo que decretaba, era porque tenía debilidad en su ser.

En un principio, decir era hacer. Esto lo vemos en la metáfora bíblica de la creación, donde está escrito: "Entonces, Dios dijo: 'Hágase la luz'. Y la luz se hizo". También en la metáfora de la creación del Popol Vuh aparece escrito: "Todo era oscuro, solo Tepeu y Gucumatz (progenitores) estaban en el agua rodeados de claridad. Mediante su palabra ellos hicieron emerger la tierra. Dijeron 'tierra' y ésta fue hecha".

Este tipo de relatos, donde la palabra parece tener un poder creador, aparece en todos los libros espirituales de las diversas culturas, donde el dios o los dioses creadores utilizan el poder de sus palabras para crear el mundo y la vida misma.

Está escrito en el evangelio de San Juan: "En el principio era el verbo y el verbo estaba con dios y el verbo era dios". De alguna manera, esta frase nos hace concluir que el verbo o la palabra era la herramienta por la cual dios se podía expresar y hacía su voluntad, solo con decretarlo. Dios era su propia palabra y la cumplía en el momento en que la expresaba. Nosotros estamos hechos a imagen y semejanza de Dios. Así como una gota del mar posee las características y proporciones del mar en su totalidad, así nosotros poseemos las características y capacidades de Dios, ya que somos dioses fractales desprendidos del gran dios que es el propio universo. Por lo tanto, tenemos el poder de decretar como Dios y crear realidad como él lo hace.

> *Somos dioses en esencia, nuestra misión es serlo en existencia*

Nuestra manera de hablar refleja cómo somos. Las personas que constantemente hablan de desgracias, de miseria, de crisis, lo hacen porque dentro ellos habita todo lo que expresan y, al declararlo, aumentan esa situación en su ego y éste lo hace en el mundo en el que habitan, manifestándolo cotidianamente.

Decía Jesucristo: "Lo que de la boca sale del corazón procede". Todo aquello que expresa el corazón tiende a ser atraído por eso hay que cuidar tanto nuestro corazón como nuestras palabras. Las palabras te van abriendo camino. Una persona que constantemente habla de su éxito, de sus sueños y de las metas que cumplirá es una persona que se está rodeando de un aura exitosa y ésta le está abriendo caminos, antes de que él llegue a las situaciones.

Todo aquello que declaras es todo aquello que se está formando en ti. Tú eres un profeta que constantemente declara situaciones, tus profecías quizá no van a transformar al mundo, pero si lo harán con tu vida.

Tu persona será la que transforme a las demás personas y estas, a su vez, a la humanidad, para que posteriormente el mundo sea transformado. Tus palabras son auto profecías y te diriges hacia donde tu lengua dispara, ya que las palabras mueven al corazón y el corazón mueve a los pies.

Cada palabra que emites es una programación que le das a quien la escucha. Recuerda que dentro de quien la escucha también te encuentras tú, así que no solo programas a otros, sino también te programas a ti. Por ejemplo, un padre que constantemente le dice a su hijo que es muy estúpido está creando esa realidad para su hijo y, de paso, para él.

> *La realidad permanece igual si seguimos siendo realistas. Por eso, solo los idealistas, los soñadores y los visionarios son capaces de transformarla*

Nuestra boca tiene la capacidad de dar muerte y de dar vida, todo depende de qué sea lo que estemos expresando continuamente.

Nuestro lenguaje se modifica cuando se modifica nuestra persona, pero también a la inversa, si modificamos nuestro lenguaje o nuestra manera de hablar, podremos modificar nuestra persona y mantenerlo vibrando en cierta frecuencia, entonces, atraeremos a nuestra vida esa vibración que emitimos. Por ejemplo, a las personas que se creen y sienten afortunados, de alguna manera, la vida les sonríe continuamente y mientras más lo declaran, más atraen a su vida situaciones que algunos llamarían "suerte"; las palabras de estas personas constantemente están modificando su mundo, de acuerdo a lo que ellos son y expresan.

Existe también la llamada "racha de mala suerte". Ésta se origina porque la persona se está quejando constantemente de lo que le ha ocurrido, entrando en un círculo vicioso de queja donde se vibra bajo, por lo tanto, atrae más de lo mismo a su vida; y mientras más se lamente más desastres llegarán a su vida. Ahora vemos la magnitud y alcance de las palabras en nuestra vida cotidiana. Sin embargo, hay una solución para este círculo vicioso: cambiar nuestras conversaciones tanto internas como externas así estaremos creando nuestro mundo de manera diferente.

Las palabras no son solo transmisión de información, también son acción. Son acciones que de alguna manera están trabajando a tu favor y te ayudan a conseguir aquello que deseas. Eso que hablas constantemente es lo que manifiestas. Las palabras son indispensables para que ocurra la magia. Si no lo expresas, no lo manifiestas. Las palabras que emites en realidad no se las lleva el viento, se quedan vibrando contigo y emitiendo un aura que termina manifestándose físicamente, por eso, solo habla de manera constructiva, ya que no solo edificas a las personas con quienes tienes contacto, sino que te edificas a ti mismo. Recuerda que hablar negativamente te lleva a este círculo vicioso: te quejas y atraes la situación negativa, atraes la situación negativa y te quejas más.

Y al contrario, hablar positivamente te lleva a un círculo virtuoso: sueñas y manifiestas tus sueños, manifiestas tus sueños y sigues soñando aún más.

El lenguaje del Universo

El lenguaje hablado es la manera más utilizada para comunicarnos con las demás personas. Por medio de la palabra nos expresamos, nos comunicamos con los demás. La comunicación hablada ha facilitado el desarrollo de la civilización, permitiendo que las razas humanas se desarrollen mejor, en la medida en que su lenguaje sea más preciso.

Nuestra humanidad posee cientos de idiomas, pero según algunas teorías modernas entre más nos acercamos a los idiomas raíz (el sanscrito, arameo, hebreo, sumerio y el egipcio antiguo) más poder tenemos para afectar la realidad, por medio de nuestras palabras o decretos, es decir, fonéticamente, una palabra en estos idiomas posee más energía para hacer vibrar las cosas decretadas según los datos científicos. Por ejemplo si decretas una situación en idiomas modernos y deseas que suceda, ésta llega a suceder en cierto lapso de tiempo, pero si la decretas en algún idioma raíz, la situación se manifiesta en menor tiempo, es decir, que algunos idiomas en sí poseen más poder que otros. Por este motivo, durante años se ha tratado de descifrar el idioma origen. Se afirma que quienes dominaran este idioma, tendrían poder para trasformar la realidad solo con sus palabras, como los mismos dioses. Pero, ¿cuál será este idioma origen y de dónde proviene?

Si el idioma origen fuera aquel que es capaz de alterar la realidad con nuestras palabras, cualquiera que supiera el idioma origen crearía realidad con el poder de la voz. Pero el poder no reside en el idioma, sino en el ser. Es decir, hay personas que hablan español y carecen de poder, otras hablan el mismo idioma y tiene mucho poder, lo mismo sucedería con otros idiomas e inclusive con los idiomas raíz. El idioma origen no es un lenguaje, solo son intenciones que provienen del corazón y entre más energía tenga este más poder ejerce.

Sea cual sea el idioma que hables, tiene poder cuando tú tienes poder. Tu poder radica en la fuerza de tu corazón. Por lo tanto el idioma origen es el del propio corazón. La capacidad de comunicarnos emana de nuestro corazón, no de nuestra mente. Después de todo el corazón se formó primero que la mente. Los hombres que hablaban los idiomas raíz tenían poder en sus palabras no por el idioma sino por su ser, eran hombres verdaderos.

Si nuestra capacidad de comunicarnos es emocional, nuestro mensaje llegará a todas las masas, puesto que las personas son emocionales. Por ejemplo, tenemos a dos candidatos a una presidencia nacional, de los cuales el primero es un hombre súper inteligente, es una mente brillante muy desarrollada, pero carece de habilidades emocionales y el segundo es un hombre puramente emocional, alguien empático, es un corazón muy amoroso, pero carece de habilidades intelectuales. Mientras ambos dan sus discursos ante las masas, el primero solo es comprendido por algunas personas, pero hasta ahí llega su poder; en cambio, el segundo mueve las masas con sus discursos enérgicos, aunque carentes de ideas. Definitivamente, el hombre emocional ganará las elecciones, puesto que él es capaz de tocar los corazones de las demás personas y el corazón incita a la acción. El hombre intelectual solo es comprendido por los intelectuales pero no atendido a su llamado; solo se llevará el voto de los intelectuales, que son muy pocos. El hombre emocional se llevará el voto de los emocionales, que son casi todos. A pesar de que el segundo hombre, sin duda, se lleve las elecciones, no significa que es mejor que el primero, simplemente, ambos han desarrollado diferentes habilidades. Si hubiera un tercer hombre con desarrollo en el intelecto como en las emociones, sin duda sería un hombre mejor que los dos anteriores.

> *El Universo es mental y emocional en la misma medida. Solo siendo mental-emocional éste responderá a nosotros*

Cada palabra que expresamos es una extensión de nosotros mismos. Si nuestra palabra proviene solo de la mente, expresa solo ideas sin energía. Si nuestra palabra proviene del corazón, expresa energía sin forma. Por lo tanto, la verdadera expresión es aquella que tiene poder, es aquella que es emitida tanto de nuestro cerebro como de nuestro corazón, es aquella que es expresada por la totalidad de nuestro ser.

Pensar, hablar y actuar no tienen poder si no hay un sustento emocional. Hablar sin emoción es como escuchar el discurso de un robot, este no ejerce poder de atracción. En cambio, cuando tus palabras son sentidas, cautivan a toda clase de públicos, y no solo eso, sino que se quedan en ellos. Todo aquello que es estimulante se recuerda siempre.

> *A las palabras se las lleva el viento cuando carecen de poder, pero si están cargadas emocionalmente, se quedan en los corazones de quienes las escuchan*

La música es un arte considerado como lenguaje universal, no porque se entienda el idioma, sino por las emociones que trasmite. Sin duda, la música es una bella arte capaz de hacer girar al mundo y lo hace por su contenido emocional.

Todo el universo gira en torno a la energía así como los seres vivos giran en torno a las emociones llámense humanos, animales y plantas. Por ejemplo yo tengo un perro llamado Yoki. Me he dado cuenta de que cuando le hablo, obedece dependiendo de mi contenido emocional en el lenguaje. Por ejemplo, si le digo: "Yoki, ven para acá (lo digo con ganas de abrazarlo)", inmediatamente se lanza a abrazarme. En cambio, si le digo las mismas palabras, pero con otro tono, furioso y apuntándole como si quisiera que se fuera para otro lado, la reacción de mi perro es que se va con miedo, con la impresión de que lo estoy corriendo, como si hubiera hecho algo malo. Como ves, los animales no obedecen a las palabras, sino a las intenciones. Recordemos que el amor atrae y el miedo repele.

Con las plantas sucede lo mismo, son sensibles a nuestras sensaciones. Si, por ejemplo, hablamos a una planta y mientras la regamos le decimos cosas como: "¡qué hermosa planta, cada día está más bonita!" (sintiendo lo que decimos), ésta, efectivamente se comporta según nuestro sentir; pero al contrario, todos los días la regamos, pero le decimos: "eres una planta horrible, lo mejor que puedes hacer es secarte y morirte" (sintiendo lo que decimos), ésta planta morirá. También es probable que nosotros nos enfermemos debido al mensaje que hemos trasmitido. Recuerda que lo que damos, eso recibimos, programamos y somos programados.

Como ves, todos los seres vivos reaccionan a nuestro sentir. Las plantas florecen cuando el jardinero las ama y se marchitan cuando son tratadas con odio, indiferencia y descuido. Los animales atacan a las personas cuando éstas tienen miedo; en cambio, si la persona experimenta amor o poder ante cualquier bestia, ésta simplemente jugará con ella (en el caso de amor) o se alejará de ella (en caso de poder). Si en la naturaleza el miedo es un mecanismo de defensa, el amor es un mecanismo de armonía y trascendencia.

> *El lenguaje es solo una forma de comunicación humana que nace del cerebro; la intención es una forma de comunicación universal que nace del corazón*

No solo los seres vivos como las plantas y los animales reaccionan ante nosotros, también lo hace el universo; para ello, basta con que accionemos desde nuestro corazón. Cuando experimentas miedo, por ejemplo, a la picadura de una abeja, estás accionando y el universo reaccionará mandándote una abeja a tu encuentro, para que ésta te conceda tu petición. Cuando experimentas amor al contacto con las aves, estás accionando y el universo reacciona mandándote mariposas o aves, acercándolos a ti.

Para concluir sobre cómo funciona el lenguaje del universo, imaginemos que el universo está hecho en un código binario (0,1). Es como una gran computadora cuántica en la que el cero equivale a energía y el uno a conciencia. Existen tantas posibilidades de mezclar la conciencia (1) y la energía (0) para crear infinidad de realidades. Ahora imaginemos que somos un programa que está hecho del mismo código binario, conciencia y energía en un grado inferior fractal, donde la conciencia equivale al pensamiento y la energía equivale a la emoción.

Cuando estamos sintonizando con el ego, es similar a estar desconectados de la gran computadora cuántica. En cambio, conectar con nuestro ser es similar a estar conectados a la misma, donde el pensamiento conecta con la conciencia y la emoción conecta con la energía. En otras palabras, conectamos con los principios creadores del ser y estos conectan con los principios creadores del universo y viceversa. Estamos vibrando en la verdad, que se percibe por conexión del ser con el universo.

Deseo que seas capaz de expresarte desde la verdad de tu ser, no la de tu ego, que seas auténtico y original y hagas la diferencia en este mundo.

> *Tu accionas, el universo reacciona, y viceversa*

Complemento interactivo: melodía de poder

Ahora reproduce la **Melodía Verdad**, misma que puedes encontrar en el buscador de YouTube con el titulo *Melodía Verdad - Los estados del Ser* ó en el siguiente código QR que te manda a la lista de reproducción del material interactivo de la obra:

Conecta con la verdad de tu ser; siente su voz, déjate llevar por la música, trae a tu mente escenas que te hagan sentir una conexión con el ser, crea nuevas escenas donde te sientas conectado con lo que de verdad eres y transmitas un mensaje desde lo más alto, desde la verdad, ten por seguro que el mensaje hará vibrar los corazones de todos tus oyentes así como lo hace con el tuyo.

Esta canción la puedes reproducir tantas veces como sea necesario y escucharla tantos días como sientas que te haga falta. Recuerda que mientras más conectas con tu ser, más poder obtienes. Te recomiendo que después de la lectura escuches esta canción toda la noche en modo de repetición, mientras estas durmiendo.
Disfruta la experiencia. Bendiciones para ti.

CAPÍTULO ÍNDIGO:

ESTADO DE SER GENIALIDAD

Elemento interactivo: Ondas binaurales

Este capítulo incluye material interactivo que consiste en la reproducción de un audio de ondas binaurales, para potencializar tu poder de concentración. Este audio deberá reproducirse mientras se lee el capítulo, para hacer de la lectura una experiencia placentera. Reproduce la melodía llamada *Ondas binaurales para la concentración*.

Las ondas binaurales para la concentración las encuentras en el buscador de YouTube con el titulo *Ondas binaurales para la concentración - Los estados del Ser* ó en el siguiente código QR que te manda a la lista de reproducción del material interactivo de la obra:

Se recomienda que uses audífonos, para una mejor experiencia. Recuerda que la finalidad es disfrutar la lectura, ya que disfrutando aprendes mejor.

ESTADO DE SER GENIALIDAD

A lo largo de la historia, han existido hombres con una capacidad sorprendente de crear ideas, inventos y diseños. De crear y revolucionar todos los aspectos de la sociedad. Dichos hombres han sido llamados genios, por la humanidad, y gracias a ellos la civilización tiene hoy día el desarrollo que ha logrado.

¿Te has imaginado alguna vez cuál es el secreto de los genios?, ¿cuál es el proceso que ocurre en ellos para crear?, ¿por qué esta tan avanzada su creatividad? Si lo supieras ¿no podrías acaso hacer tú lo mismo? En este capítulo, se te revelarán algunos secretos que dichos genios han utilizado, consciente o inconscientemente, y que, sin embargo, les han funcionado.

La genialidad se define como la capacidad y facilidad que tienen algunos personajes para crear o inventar cosas nuevas y admirables o para realizar alguna actividad de forma imaginativa y brillante. Sin embargo, esta definición no nos revela la esencia de la genialidad, solo nos muestra los resultados o consecuencias de ésta. Pero entonces, ¿cuál es la causa de la genialidad? ¿Dónde y qué es lo que la origina?

Los personajes que han sido grandes genios en la historia de la humanidad se identifican por un patrón en común y éste, más que la inteligencia, es: la curiosidad por saber. Tienen un impulso por experimentar con el mundo que los rodea. Poseen también un inmenso entusiasmo por crear cualquier cosa que sea de su interés.

La inteligencia se origina en nuestra mente al hacer consciente la información. Mientras más conocimiento hay en tu mente, se puede decir que eres más inteligente, sin embargo, eso no te hace ser un genio. El hecho de que una persona tenga conocimiento no equivale a que sea un genio. La genialidad viene desde más adentro de la mente, viene desde el ser y, poco a poco, se revela por medio de corazonadas, expresándose a través de la curiosidad y otras sensaciones.

Cuando la curiosidad se expresa desde nuestro ser, es decir, desde nuestro corazón vibrando, y la inteligencia es consciente de la información recibida, es decir, que nuestra mente también está vibrando, en ese momento se está creando nueva información, es ahí cuando se desarrolla la creatividad, y se manifiesta la genialidad. Se es un genio cuando se utilizan adecuadamente el principio masculino y femenino de cada ser para crear.

La inteligencia viene del principio masculino del ser (la mente), mientras que la curiosidad viene del principio femenino del ser (el corazón). Cuando ambos se juntan crean algo nuevo, la creatividad está latente y la genialidad está expresándose; está generándose una idea, un invento, una fórmula, una teoría.

En resumen, un hombre ingenioso es aquel que tiene desarrollada la genialidad dentro de su ser, misma que consiste en no solo usar la mente, sino también el corazón como elemente co-creador, para desarrollar la creatividad.

La genialidad corresponde a esa sensación que se tramite constantemente e incluye la cristalización en la persona de las siguientes emociones: inspiración, pasión, entusiasmo, y curiosidad como estados de ser.

> *Para crear un nuevo conocimiento o una nueva herramienta, es necesario estar inspirado, apasionado o entusiasmado*

Se ha dejado escrito que "estamos hechos a imagen y semejanza del creador", por lo que podemos decir que somos seres creadores. Somos creadores en todos los ámbitos, no solamente en el reproductivo, sino también en el desarrollo de la sociedad, para lo que usamos nuestra creatividad, es decir, nuestra genialidad. Poco a poco, con cada idea, con cada diseño y con cada invención le damos forma al mundo.

Muchos hombres se han olvidado de su capacidad de crear y han optado por vivir en un mundo creado por otros; se han convertido en una especie de máquinas que solo ejecutan órdenes para los líderes o máquinas que han acumulado información que otros han creado. El hombre desde que ha desvanecido su capacidad creadora, ha dejado de ser hombre. Decía el escritor Aldous Huxley: "Tal vez solo los genios son los verdaderos hombres". La intención e idea esencial de este capítulo es que actives nuevamente dentro de ti esa chispa divina que ya tenías cuando eras un niño. La chispa de la genialidad.

La creatividad suprimida

En gran parte de nuestra educación actual se sigue tratando a los alumnos como esponjas. Bajo esta analogía se sostiene que ellos deben absorber el conocimiento impartido por el profesor como si fuera agua. El profesor es el enlace directo hacia el conocimiento. Esta manera de instruir se basa en transmitir lo que se sabe, es decir, solo se trasmite el conocimiento existente. No se incita a los alumnos a crear nuevo conocimiento, se les trata únicamente como robots para que acumulen datos, para que archiven información. Predomina la idea de que el que más información acumulada tiene en su cerebro es el que tendrá éxito en su vida profesional. No se les enseña a crear nuevo conocimiento. Así, el mismo conocimiento perdura en las instituciones educativas y no se renueva.

Los grandes genios que hemos tenido no son aquellos que tienen acumulada una gran base de datos en su cerebro, ellos solo son como las computadoras que son usadas como herramientas para beneficio de otros. Los grandes genios que hemos tenido son aquellos que usan adecuadamente sus emociones para poder influir sobre el intelecto, es decir, son aquellos que parten del entusiasmo y de la inspiración para estimular su propia inteligencia. Al tener el entusiasmo y la inspiración como cualidades en nuestro ser, el conocimiento es absorbido de una manera increíble, entonces, surge la creatividad como consecuencia. Recordemos cómo en la escuela, cuando un maestro imparte un tema a sus alumnos, si el maestro se encuentra apático e indiferente y solo repite la información, los alumnos aprenden mecánicamente y con base en mucho esfuerzo. Aprenden, pero no comprenden. En cambio, si el maestro se encuentra apasionado e inspirado por dicho tema, esa vibración es transmitida a los alumnos y, una vez que los alumnos han sido estimulados por una emoción, el conocimiento trasmitido es comprendido inmediatamente e incluso cada alumno va adaptando ese conocimiento a su vida, es decir, está creando, está siendo creativo.

En la mayoría de carreras de nuestras instituciones educativas se estimula más el desarrollo de la "inteligencia racional" de las personas. Normalmente el perfil de estas personas con desarrollo predominante en el cerebro tiende a desarrollar tareas muy laboriosas pero poco creativas. En otras palabras muchos de estos jóvenes que siguen este tipo de desarrollo se han convertido en robots que siguen cualquier clases de estímulos externos, pero no los del ser. El desarrollo de la "inteligencia emocional" es la base para poder conectar con el ser. Al hacer esto la creatividad surge como consecuencia.

Nuestra cultura e instituciones se enfocan principalmente en el desarrollo de las aptitudes de los individuos, esto con la finalidad de que sean capaces de ejercer las actividades para las cuales son requeridos. Inconsciente se llega a creer que la aptitud es garantía de éxito cuando no necesariamente es así. Más que aptitud lo que se necesita es actitud. Esto lo comprobamos al estudiar a niños que parece que nacen con un gran talento (aptitud), aventajando por mucho a otros compañeros; si no cultivan este talento constantemente, se estancarán y serán superados, por mucho, por otros niños que nacieron sin talento, pero sí con mucha actitud. Así como cuando el ser se formó, primero fue el corazón y después el cerebro, parece ser que primero se necesita formar la actitud y después la aptitud. Charles Darwin aseguraba que: "en la naturaleza solo sobrevive el ser con más aptitud". Sin embargo a esto le podemos agregar que para vivir o transcender lo hace el ser con mejor actitud.

> *Para sobrevivir se necesita de aptitud, pero para vivir es indispensable la actitud*

Como ya se mencionó, el problema con las instituciones educativas radica en que se cree que los niños son como esponjas que deben absorber conocimiento y que se estimula únicamente su inteligencia intelectual y su memoria. Más que verlos como esponjas, se deberían ver como una vela que necesita ser encendida de pasión, de inspiración, de entusiasmo. Una vez encendida esa llama, se genera la actitud que es capaz de crear nuevo conocimiento o nuevas herramientas. Para encender a estos niños, es necesario un maestro que esté encendido. Un maestro que sea portador de la llama de la genialidad.

Así como algunas personas empeoran su salud dentro de los hospitales, en las instituciones educativas muchos niños pierden la chispa de la genialidad al no fomentar su inteligencia emocional, llegando a aburrirse por la manera en que reciben los conocimientos. Cuando esto se vuelve rutina, es fatal para el desarrollo de los niños. Además, existe el tema de que no a todos los niños les interesa desarrollar las mismas cosas. Por ejemplo, a un niño que posee habilidades muy avanzadas de música se le están dando clases de matemáticas y se le insiste en que tiene que aprender álgebra para poder salir adelante. Para que las escuelas produzcan genios, deben estimular a los niños a hacer lo que les apasiona. Muchas veces, eso que les apasiona suele no estar en la escuela.

Los niños que se adaptan al sistema educativo y obedecen con facilidad las reglas establecidas por éste son definitivamente aquellos que tienen apagada su creatividad; aquellos que han cedido su propio poder a sus padres, a sus maestros, a sus jefes y hacen todo solo por agradar a ellos y nunca crean algo nuevo, nunca sorprenden. Han caído en la rutina, una rutina apremiante en la que el más dócil es el más reconocido.

Dentro de las escuelas, se tiende a etiquetar a los niños con que si son buenos o no, asunto que los marca de por vida. Si un niño es bueno en matemáticas es renombrado como un niño sobresaliente, si no lo es, es tachado de retrasado. También se suele confundir a un niño brillante con aquel que tiene mejor capacidad de retención de datos. Las genialidades se dan en una gran variedad de áreas como, por ejemplo, la pintura, el diseño, la música, el baile, las artes marciales, el razonamiento, la inteligencia emocional y muchas áreas más.

Otro factor determinante para suprimir la creatividad de los niños es la televisión con series infantiles y para adolescentes, donde siempre se ridiculiza al que es distinto. Quien se apasiona por la ciencia, por el conocimiento y por la creatividad es tachado de raro, de *nerd* y hasta de idiota por los que son "normales". Se estimula a los jóvenes para que admiren más las actitudes de todos aquellos personajes que son considerados "normales". De esta manera, existe un miedo inconsciente a ser distinto, dando por hecho que si esto pasa, serán excluidos de la sociedad. La verdad es que absolutamente todos somos distintos y no hay razón justificable para querer parecernos a la forma de ser de alguien más.

Dentro del ámbito cultural, la sociedad en la que vivimos se ha tornado cada vez más individualista y esto nos ha llevado a la deshumanización. La deshumanización también ha ayudado a suprimir la creatividad, puesto que la creatividad surge en su máximo esplendor cuando se desarrolla algo para ayudar a los demás.

Si se mantiene la visión individualista de vida, la creatividad no fluye con la misma facilidad. Es necesario volver a nuestra esencia. Es necesario convertirnos en verdaderos humanos, en hombres que aman a sus hijos, en personas que demuestran cariño. En hombres que crean ideas, ciencia e invenciones para el beneficio de la población, porque si es así, hay evolución, si es al contrario, hay involución en la humanidad.

En muchas de las universidades pareciera que más que desarrollar seres humanos, desarrollan máquinas que se enfocan en la especialización y la producción, olvidando su lado humano y que como humanos somos seres holísticos, que tenemos muchas áreas en las cuales desarrollarnos, no solo una.

Un error que suele ocurrir en las instituciones educativas es que más que crear hombres que desarrollen todo su potencial y vivan una vida sintiéndose libres, se crean obreros que se desarrollan únicamente en una área y llevan una vida en obediencia a los intereses de alguien más. Basta con que en las escuelas se fomente el entusiasmo, la inspiración y la pasión para crear grandes artistas, grandes genios y grandes seres humanos, que se encargarían de seguir recreando nuestra sociedad en todas las áreas.

> *Cuando estás inspirado, apasionado, entusiasmado, es como si el tiempo se detuviera y te muestras como verdaderamente eres, como un ser creador*

La educación emocional es parte fundamental de la verdadera educación, ya que una persona estable vive éxito tras éxito, mientras que una persona inestable vive fracaso tras fracaso. Así como es nuestra vida interna, es la externa y si nuestro estado emocional es negativo o destructivo, así será nuestra vida; en cambio, si nuestro estado de emocional es positivo o constructivo, así será nuestra vida en todas las áreas. La verdadera educación no se debe dar solo al intelecto, sino también al corazón.

Para transformar a un hombre en genio, no se necesita llenar el cerebro de conocimientos. Para formar un verdadero genio, lo que se necesita es llenar el corazón de entusiasmo, inspiración y pasión; una vez que se han alcanzado esas sensaciones, es decir, esas cualidades, entonces él podrá atraer a su vida muchos más conocimientos y, además, la capacidad de transformarlos. Atraerá situaciones en las que fortalecerá y multiplicará su genialidad. Cuando empezamos a comportarnos como genios, empezamos a pensar como genios. Somos genios cuando el estado de ser genialidad es parte de nosotros. La genialidad es parte de nosotros cuando alcanzamos la *inspiración* o cualquier otra emoción que nos permita desarrollar creatividad, por ejemplo, la *pasión* y el *entusiasmo.*

Un genio es capaz de crear a otro genio, no por lo que le enseña, sino por lo que le transmite. Lo que le enseña son ideas y lo que le transmite son emociones. Para que las ideas queden impresas, debe haber emociones latentes. Cuando estamos estimulados por un tema específico, tendemos a recordarlo y hasta generamos nuevas ideas solo por el interés que genera en nosotros.

En las escuelas no se necesitan instructores, se requieren maestros. Un instructor te enseña la teoría, la técnica, el procedimiento y todo lo que se origina en su cerebro. En cambio, un maestro te transmite la inspiración, el entusiasmo, la pasión y todo lo que se origina en su corazón. Transmitiendo o desarrollando el estado de ser genialidad, la creatividad llega por consecuencia.

Para alcanzar la trascendencia, es necesario primero ser maestro y después instructor, primero trasmitir las sensaciones y después el conocimiento; por ejemplo: un verdadero genio, antes de trasmitir ideas requiere transmitir su estado de ser y hacer vibrar a todo el público en su frecuencia emocional. Una vez hecho esto, las ideas son comprendidas al nivel de un genio por cualquier clase de público.

El secreto de la genialidad consiste en sentir entusiasmo, inspiración y pasión. Aunque no haya nada que nos haga sentir de esa manera, el simple hecho de sentirlo así es suficiente para poder atraer a nuestra mente, a nuestro cuerpo y a nuestra vida circunstancias que reafirmen ese entusiasmo, esa inspiración y esa pasión. Lo dijo Víctor Hugo: "Inspiración y genio son casi la misma cosa".

Cuando te sientes como un estúpido es increíble cómo atraes a tu vida situaciones que refuerzan la estupidez. Lo mismo sucede cuando te sientes un genio: atraes a tu vida circunstancias que refuerzan tu genialidad. Recuerda que primero es el "ser" y después el "tener". Primero eres inspiración y después tienes una idea.

La inspiración atrae ideas

Cuando empecé a escribir este libro, lo hice con la intención y el entusiasmo de hacer algo grande, algo que impactara a todo el mundo, que apasionara a todas las personas, que ayudara a toda la gente, pero no sabía qué. Después supe que escribiría este libro, pero no sabía sobre qué, es decir, solo tenía el entusiasmo y la inspiración de que escribiría un libro y les trasmitiría dichas sensaciones a las personas que lo leyeran. Estaba vibrando en lo que ahora llamo *estado de ser genialidad*. A pesar de esto, no sabía qué temas serían los que escribiría, no tenía ninguna idea y así estuve por varias semanas, con una intención muy fuerte, hasta que llegó el día en que me puse a escribir y llegaron a mi cientos de ideas, de golpe, en un instante.

En resumen, empecé con la sensación de genialidad, sin tener la idea que me hiciera sentir un genio; esa sensación fue suficiente para atraer esas ideas a mi mente en blanco y cuando llegaron, la sensación de inspiración fue grandiosa, había llegado a mí multiplicada, atraje más de lo mismo, más de lo que ya era. La inspiración atrajo a mi conciencia las ideas y las ideas me seguían inspirando, manteniéndome en un círculo virtuoso. Duré varios días con esas ideas, tratando de entenderlas, pues no las había logrado digerir. Hubo un momento especial en el que estaba inspirado y comprendiendo las ideas, cuando, de pronto, sentí una corriente eléctrica por toda la columna que subía y bajaba, se sentía una especie de orgasmo por todo el cuerpo; llegué a la cúspide de las ideas que estaba generando y entonces entendí de qué trataría el libro. También vino a mí el título como si lo hubiera recordado: ¡Los Estados del Ser!

Decía Salvador Dalí: "Seré un genio y el mundo me admirará. Quizá seré despreciado e incomprendido, pero seré un genio, un gran genio, porque estoy seguro de ello"; él sentía ser un genio antes de serlo. Él sabía el secreto de que la genialidad no radica en el cerebro, sino en el corazón.

Pensar no es suficiente, necesitas sentir para ser

Hay quienes afirman que los genios se forman con 5% de inspiración y 95% de trabajo, pero si vives en el estado de ser genialidad, no tendrías por qué trabajar. Estarías inspirado siempre. Estarías solo jugando. Estarías en tu elemento, como un pez en el agua que no necesita trabajar. Simplemente, estarías feliz.

Para convertirte en un genio, tienes que amar lo que haces o, en su defecto, hacer lo que amas, ya que en realidad todos podemos ser genios. Sin embargo, todos poseemos distintas capacidades natas y somos genios en algún área. Podemos mejorar las capacidades con las que nacemos o podemos hacer otra cosa que nos apasione y convertirnos en genios de esa nueva área.

Los niños son genios por naturaleza, sin tener conocimientos. Solo observa su capacidad de asombro, su capacidad de maravillarse ante lo que aprenden; viven entusiasmados ante lo nuevo y ante lo que hacen; cuando logran superar algo que ya saben, su capacidad de asombro es aún mayor. Entonces entran al círculo virtuoso de la genialidad.

Desde el momento en el que un niño nace, está experimentando todas las sensaciones que lo trasforman en un genio. Hay un mundo nuevo delante de sus ojos, un mundo que ve con asombro. No es de extrañar que la mayoría de información que hemos codificado, aprendido y creado la obtenemos cuando somos niños. Por ejemplo, aprendemos un idioma, aprendemos detalles de cada cosa, colores, texturas, sabores, sonidos, aprendemos a movernos, aprendemos toda la información necesaria para poder vivir en el mundo. Pero a medida que crecemos, nos cuesta más trabajo aprender, por ejemplo, otro idioma, hacer algo muy distinto a lo que ya sabemos. Esto se debe a que olvidamos la capacidad de asombro, la sensación de curiosidad y la pasión por crear algo nuevo.

Albert Einstein afirmaba que más que tener algún don especial, tenía una gran curiosidad y esto fue lo que lo llevó a ser reconocido como uno de los genios más sobresalientes de la humanidad. La genialidad es manifestada por las siguientes sensaciones como cualidades de ser que son el denominador común de todos los niños: inspiración, asombro, curiosidad, pasión, etc.

La idiotez es lo opuesto a la genialidad y para que ésta se manifieste basta con se apague la chispa de emociones que nos mantiene activos. La idiotez se manifiesta con las sensaciones siguientes como cualidades de los estados de ego: apatía, aburrimiento, flojera, indiferencia, falta de entusiasmo, etc.

El secreto para pensar como un genio está en sentir como un niño. Todos los grandes genios de la humanidad han poseído o han sido poseídos por una curiosidad muy grande que los ha llevado a ir más allá de lo que piensan las personas cotidianamente, la genialidad es propia de los espíritus infantiles. Aldoux Huxley afirmaba que "el secreto de la genialidad es conservar el espíritu del niño hasta la vejez, lo cual quiere decir: nunca perder el entusiasmo".

La importancia de jugar

Los niños tienen la capacidad de concentrarse más en un juego que ocuparse de asuntos de trabajo. En un juego están muy emocionados, utilizando toda su creatividad, mientras que en el trabajo o en la escuela se encuentran muy apáticos y aburridos. El juego por naturaleza es estimulante, mantiene a los niños atrapados y mientras más adentro estén de él, más aprenden a utilizar todo su potencial, es decir, el juego se convierte en una herramienta utilizada para sacar el potencial del niño. El potencial sale cuando sale simultáneamente la inspiración.

El juego es solo un medio para estar inspirado, un medio para convertirte en genio. Cuando estás jugando, te encuentras contigo mismo, cosa que no ocurre en la escuela o en el trabajo, a menos que los veas como un juego. Si logras ver la totalidad de la vida como un juego, vivirás inspirado, vivirás como un genio.

Imaginar también es jugar en un nivel puramente mental. Imaginando también entras en un estado de inspiración, pasión y entusiasmo. Cuando tu corazón experimenta estas cualidades de ser, llegan a ti ideas grandiosas, muy creativas, originales, que te mantienen aún más inspirado, apasionado y entusiasmado. Se puede decir que entras en el *círculo virtuoso* de la genialidad. Una vez que lo has experimentado a cierto nivel, siempre querrás más.

> *Atraes lo que eres. Cuando estás inspirado, atraes ideas, circunstancias y personas que te mantendrán más inspirado aún*

Es como si la inspiración se convirtiera en una inversión con el universo. Supongamos que inicialmente inviertes cierta cantidad de inspiración, el universo te regala una idea y ahora que tienes la idea, la cantidad de inspiración se ha multiplicado. Si lo deseas, puedes seguir invirtiendo, puedes seguir creciendo cada vez más y, por lo tanto, cada vez obtendrás ideas más grandiosas correspondientes al tamaño de tu inspiración, que corresponden al tamaño de tu inversión. No te preocupes por obtener una idea, ocúpate por estar inspirado; no empieces con la mente, empieza con el corazón, después de todo, el corazón fue el primer órgano que se formó, luego tomó forma el cerebro"

Nuestra cultura nos ha hecho creer que las ideas nacen en el cerebro, pero no es así. El cerebro únicamente interpreta, no tiene la capacidad ni la energía para crear por sí mismo, sino que necesita del corazón para dar vida, necesita toda la energía creadora del corazón; una vez que dicha energía es manifestada en una emoción como la inspiración, entonces, al cerebro empiezan a llegarle paquetes de información, los cuales va reinterpretando poco a poco, hasta hacerlos digeribles. El corazón es como la boca de una vaca, puede comerse todo en un instante, pero necesita mucho tiempo para digerirlo en el estómago (cerebro).

Seguramente has notado cómo algunos maestros o científicos, al hablar de ciencia, están inspirados y logran inspirar a su audiencia, lo que muestra que hay más energía en el ambiente, hay más corazones vibrando, por lo tanto, se manifiesta no solo una lluvia, sino una tormenta de ideas.

> *El pensamiento busca, el corazón encuentra*

Pasión atrae pasión, entusiasmo atrae entusiasmo e inspiración, inspiración. Decía Albert Einstein que las mejores ideas se le ocurrían cuando estaba dando un paseo en bicicleta, es decir, cuando estaba jugando, ya que jugar siempre es inspirador. Todo lo que se necesita para ser un genio es ser un niño o volver a serlo, es decir, vivir desde el corazón, vivir en el reino de los cielos.

Recordemos que cuando a Isaac Newton le cayó la manzana de un árbol, no estaba pensando; no estaba utilizando su cerebro, únicamente estaba relajado, disfrutando, recostado a la sombra del manzano; estaba tranquilo, viviendo en el momento presente, contemplando la inspiración, meditando sensaciones, activando el corazón y desactivando el cerebro. En ese momento, gracias a la gravedad, cayó la manzana del árbol. Newton notó que algo grande había pasado, algo que solo pudo haber sido sentido, un lapso de tiempo después, su cerebro pudo interpretar y entender lo ocurrido.

Newton descubrió la fórmula de la gravedad, que hoy día es un pilar de la ciencia y el conocimiento de nuestra civilización.

La comunicación es símbolo de que nuestro cerebro ya ha alcanzado cierto desarrollo. El hecho de haber desarrollado un lenguaje y saber hablar implica cierta evolución del cerebro. Curiosamente, Mozart se enseñó a tocar el piano de una manera magistral antes de saber hablar, más que ser un niño que pensaba era un niño que sentía, más que entendía el cerebro, escuchaba el corazón y fue de su corazón de donde salieron todas sus grandes obras maestras. Poseía tal nivel de inspiración que quedó plasmado en sus melodías, tanto, que hoy en día los niños actuales escuchan sus melodías desde temprana edad y son estimulados a desarrollar habilidades acerca de la genialidad, es decir, su música forma genios, a través del efecto Mozart. Como dice una frase anónima: "Un instructor enseña lo que sabe, pero un maestro que es" y Mozart fue un gran maestro que transmitía lo que él es, a través de la música; logró transmitir inspiración y pasión porque eso mismo era. Sin duda, fue un maestro que logró trascender a través del tiempo y hoy día es un símbolo de la genialidad.

Desde hace algún tiempo, al salir a correr con un amigo, he notado lo siguiente:

Él es muy apasionado por la ciencia, la filosofía y los descubrimientos, entre otras cosas, al igual que yo, razón por la cual somos muy afines, muchas veces empiezo a platicarle una idea que se me ha ocurrido, por supuesto, una idea que me apasiona e inspira; a medida que se la cuento, él está atento escuchándome y también inspirado. Resulta que cuando a él le toca el momento de hablar se le ocurren ideas también geniales. Cuando lo escucho, me trasmite algunas y otras más se me ocurren derivándolas de lo que me dice. Así es como vamos afinando la idea original al ir caminando. Al final del recorrido, la idea prácticamente ya está definida.

> *El niño es al juego como el genio a la inspiración. El genio es aquel que conserva la inspiración de un niño en este juego que es la vida*

Debido a que el genio es un ser creador y el corazón es el único órgano capaz de dar vida, capaz de crear, el genio es ese ser que parte del corazón, el corazón es su origen y éste tiene un entusiasmo ilimitado, una pasión infinita y una inspiración eterna, es decir, tiene el estado de ser genialidad. Decía el Marqués de Vauvenarques: "los grandes pensamientos nacen con el corazón".

Secretos para alcanzar la inspiración

La inspiración es una emoción que experimenta el corazón y se resume en que es en esencia energía, así como todas las demás emociones. Para alcanzar la inspiración basta con permitir que la energía fluya en tu ser, porque teniendo energía, fácilmente alcanzas la inspiración.

La inspiración es una emoción que se necesita para poder crear algo innovador, desde diseñar un edificio hasta escribir un libro, desde desarrollar una teoría hasta definir una fórmula. La inspiración es la base fundamental para desarrollar la creatividad. Sencillamente, sin inspiración no hay ideas nuevas.

A todas las personas les ha sucedido alguna vez que quieren desarrollar algo, pero hay momentos en los que parece que definitivamente la inspiración no sale y así pueden pasar semanas, meses y hasta años, por lo que, todo ese trabajo que se está desarrollando no puede fluir.

Las razones por las cuales la inspiración se bloquea son las siguientes: enfermedad, dolor, baja autoestima, presión, pereza, desorden, familia conflictiva, relaciones tóxicas, mucha responsabilidad, cansancio, agotamiento, etc; todas ellas estancan la energía de nuestro ser. Por esta razón, la inspiración no aparece, sin embargo, existe una solución que consiste en hacer exactamente lo contrario, es decir, hacer todo aquello que te haga experimentar energía y, de esta manera, la energía se trasforme en inspiración. Así puedas alcanzar tus ideas o lo que sea que quieras desarrollar.

A continuación te presento algunas opciones que te ayudarán a permitir que la inspiración fluya en tu ser:

A) Limpia tu área de trabajo. El tener todo desorganizado y un caos total es un reflejo de que así esta nuestro interior. Cuando nuestro interior está viviendo caóticamente, las cosas creativas simplemente no resultan. Es necesario que limpies tu cuarto, tu oficina, tu casa o donde sea que te encuentres trabajando. Limpiar y organizar tu área de trabajo provoca en ti la sensación de bienestar y esto ya es una señal de que la energía está fluyendo.

B) Asea tu cuerpo. Si bien la limpieza ya la hiciste en tu entorno, ahora, para una mayor sensación de bienestar, es necesario limpiar tu cuerpo. Una ducha con agua caliente es muy relajante y si cambias de caliente a fría, resulta ser activador, haciendo que tu circulación sanguínea pueda fluir con más facilidad, por lo que la energía de tu ser hace lo mismo. A mejor circulación, más energía.

C) Sal a dar un paseo. Salir de tu casa es bueno para despejar la mente. Si te encuentras con una total desmotivación, el contacto con la naturaleza, el ambiente, las plantas, los animales y las personas te ayudarán a sentirte mejor. Recuerda que disfrutando aprendes mejor.

D) Aprecia el arte. El contacto con las distintas ramas de arte te ayudará a inspirarte. Una idea puede surgir de escuchar una canción, de ver una película, de contemplar una pintura, de leer un libro, etc.

E) Aliméntate sanamente. Una alimentación adecuada te mantendrá con energía suficiente para que tu cuerpo se mantenga sano, estando sano todo simplemente fluye.

F) Haz ejercicio. El ejercicio es parte fundamental de la salud y hacerlo llena tu cuerpo de energía. Muchas personas creen que el ejercicio no es para los genios. Se equivocan. El secreto de la genialidad es permitir que la energía fluya en tu interior y el ejercicio es otro estímulo para acceder a más fuentes de energía.

G) Duerme bien. Para recargar tu energía, es necesario dormir bien, ya que si caes al agotamiento, no podrás desarrollar ideas, por más que te esfuerces. Además, muchas ideas llegan primero al subconsciente y para que éste las haga consciente, es necesaria una pequeña siesta en horas de trabajo.

H) Reúnete con genios. El contacto con las personas que ya sean o quieran ser creativas incrementa la creatividad de todos los integrantes de un grupo social. La inspiración de todas las personas reunidas se multiplica formando más energía, lo cual es señal para mejores ideas. Recuerda el tema de la Mastermente.

I) Organiza tu tiempo. Mantén un tiempo exclusivo para desarrollar tu creatividad, sin nada que te vaya a distraer. Es necesario para lograr mejores resultados. Sobre todo porque sin distracciones logras una mejor concentración.

Momentos Eureka: energía para las ideas

Seguramente has notado que las mejores ideas se han producido en momentos en que no las estás buscando, momentos de tranquilidad, y éstos te llegan de golpe sacudiéndote. Albert Einstein afirmaba que las mejores ideas que había tenido se le habían ocurrido en momentos en que paseaba en la bicicleta y estaba sumamente tranquilo y disfrutando el paisaje. En momentos que estaba sintonizando con su ser.

Las ideas no son propias del cerebro sino que el corazón es el accionista principal en la generación de éstas. Hay momentos en los que por más que te esfuerces por generar una idea y estés pensando, no podrás generarlas, a menos que tu corazón se encuentre canalizando energía, fluyendo con el universo, divirtiéndose como un niño. Como lo afirmaba Leon Tolstoi: "La razón no me ha enseñado nada. Todo lo que yo sé me ha sido dado por el corazón".

Si tu mente se encuentra buscando una idea, pero tu corazón está estresado o agotado, por más que te esfuerces, sencillamente no podrás encontrar esa idea. Al contrario, si tu corazón está disfrutando del momento, si sientes bienestar por todo tu cuerpo por un tiempo prolongado sin permitir que este bienestar se vea afectado, esta idea sin duda llegará a tu mente, incluso sin que la estés buscando.

Cada idea posee una magnitud de energía, el único requisito para acceder a ella es que tu corazón llegue a vibrar en esa frecuencia de energía. Así, la idea se podrá alcanzar y tu mente la hará consciente instantáneamente. El corazón alcanza las ideas y la mente las atrapa.

En este momento, estoy escribiendo y tú leyendo. Estoy disfrutando tanto este momento que las ideas parecen fluir por mi mente. Estoy tan emocionado porque estas ideas son nuevas también para mí.

Como ves la mente es quien comprende las ideas, pero el corazón es quien nos lleva a ellas. El corazón atrae las ideas y la mente las hace conscientes, capta su esencia al entenderlas.

Las ideas tienen una altura elevada. Una persona que se encuentra equilibrada emocionalmente y mantiene su energía a un nivel muy alto accede al mundo de las ideas. En cambio, a quien carece de ese equilibrio emocional le es imposible acceder. Las personas que se sobreesfuerzan por entender algunas cosas, utilizando únicamente su mente, no podrán acceder a ese entendimiento hasta que utilicen la fluidez del mismo corazón.

> *El sobreesfuerzo es debilidad. La fluidez es la fuente de poder*

Locos y genios, genios y genialidad

Existe una delgada línea entre genialidad y locura. Muchos afirman que todos los genios están locos y que todos los locos son unos genios. Tanto los locos como los genios son aquellos hombres-niños que viven entusiasmados, viven inspirados. La única gran diferencia entre un loco y un genio es que el loco es repudiado y el genio, admirado. Todo se resume en que el genio posee seguidores y el loco no. El genio es capaz de trasmitir sus ideas, el loco no. El genio es comprendido, el loco no. El genio es un líder, el loco no. El genio vive acompañado, el loco vive solo.

Sin duda, un loco que no es un buen líder no llega a ser un genio reconocido. El ingenio, cuando no se sabe dirigir, no pasa de ser una idea que nunca se convierte en un hecho.

Los locos se encuentran por todas partes y tienen tantas ideas que podrían revolucionar el mundo, sin embargo, no lo hacen. Quienes hacen lo que saben son verdaderos genios. En el mundo actual habitan muchos locos, pero lo que se necesita son genios que transformen sus ideas en realidad, que transformen este mundo con su imaginación.

Es necesario aclarar que el coeficiente intelectual es muy diferente a la genialidad. El coeficiente intelectual radica básicamente en utilizar la capacidad del cerebro para pensar lógica y matemáticamente, teniendo la mente muy bien entrenada para que realice operaciones a una velocidad bastante rápida. El coeficiente intelectual se relaciona con la velocidad del cerebro para comprender, En cambio la genialidad se relaciona con la habilidad del ser para crear; digo del ser porque se utiliza tanto el cerebro como el corazón y no únicamente el cerebro, como en el caso del IQ.

Existen cientos de casos de personas con un IQ muy elevado y, a pesar de ello, no han logrado algo notable en su vida, quedando claro que los genios no son los que utilizan solo el cerebro sino también el corazón. Los verdaderos genios posen la capacidad de crear, pero antes tienen la sensación de ayudar, de inspirar, de emocionarse y cualquier otra emoción positiva que se pueda experimentar.

La genialidad solo surge cuando el ser se encuentra en armonía. La genialidad surge en su máximo esplendor cuando la energía del propio universo puede fluir con facilidad en tu ser. Para que esta energía fluya, es necesario estar limpio de toda influencia negativa, desde los alimentos hasta las personas que te rodean.

En todos los hogares podemos encontrar niños genios, sin embargo, ésta genialidad puede no desarrollarse, debido a la influencia familiar y a toda la información emocional existente en dicho núcleo. Por ejemplo, en familias conflictivas, a pesar de que los hijos posean habilidad para crear algo nuevo, no lo llegan a hacer, ya que toda su energía se gasta en problemas, en situaciones de alcoholismo de algún miembro, en situaciones de crisis que mantienen preocupada a la familia y muchas clases de situaciones desgastantes. Para que este niño pueda llegar a desarrollar su potencial, es necesario que sane primero las situaciones conflictivas de su familia, como normalmente se dice: primero está la salud, y no solo la física, sino la energética. Existen situaciones donde la forma de sanar es alejándote de los enfermos. Por muy duro que parezca, si lo que quieres es desarrollar tu potencial, lo mejor puede ser alejarte de tu núcleo familiar y de tus amistades, si estas son muy destructivas.

Existe una polémica sobre si los genios nacen o se hacen. Ambas posturas son ciertas. Sin embargo, existe la cuestión de que si un niño es dotado de nacimiento con mucha inteligencia, esto no garantiza que se convierta en un genio. Si nace con cierto ingenio, pero no lo desarrolla, es muy probable que se quede estancado y sea superado por otro niño que no nació con inteligencia similar, pero siempre se mantuvo muy curioso por el conocimiento, como ha sido el caso de todos los notables científicos. Ivanka Trump hablaba de esto al decir: "Puedes ser un genio, pero si alguien menos inteligente que tú ama más el trabajo, te lleva ventaja".

Steve Jobs es considerado uno de los grandes genios de la humanidad. Fue un niño adoptado; quizá este hecho fue fundamental para hacer todo lo que logró, ya que es posible que en el núcleo de su familia biológica no haya desarrollado todo lo alcanzado. En su juventud se inclinada por la filosofía del mundo oriental y era seguidor de las corrientes *hippies*. Cuando empezó a crear su revolucionario producto, lo inicio en el *garaje* con sus amigos. Tanto él como sus amigos compartían algo al momento de crear: emoción. Y esa emoción mantenía a todo el grupo como un individuo completo trabajando en armonía, como una Mastermente. Cabe mencionar que cuando su empresa ya estaba consolidada, si alguno de los trabajadores, por más inteligente que fuera, no compartía con el grupo la emoción de crear, éste era despedido por él. Llegó a despedir a sus mejores diseñadores solo porque aseguraban que eso que él hablaba no se podía hacer. Jobs no hacía esto por confrontarlos, sino porque sabía que si no compartían su emoción, no funcionarían como un equipo; es decir, una manzana podrida echa a perder todas las de la canasta y para que la canasta o equipo se encuentre saludable, es necesario deshacerse de la manzana enferma o negativa, o en su caso, la manzana desmotivada.

Cuando trabajamos en equipo es necesario saber que todo el equipo es un nuevo ser y que se necesitan todos funcionando en unidad para que el equipo logre sus objetivos. En el ámbito de crear, cuando estás emocionado por lo que estás haciendo, cada vez te van surgiendo más y mejores ideas. Cuando son dos personas las que están emocionadas generando una idea, las ideas son mejores porque se suma la energía de la emoción de las dos personas. Cuando son tres personas emocionadas, el nivel de ideas es aún más elevado; así hasta que el grupo sea muy numeroso. Mientras más presencias motivadas, más energía. Si hay presencia de personas desmotivadas o negativas en algún grupo, esta presencia más que beneficiar a la organización, la está perjudicando. Si la emoción es la base para generar nuevas ideas, la unión de muchos corazones emocionados es necesaria para acceder y materializar ideas más creativas.

Para generar una buena idea es necesario estimular al corazón. Mientras más corazones sean estimulados, las ideas resultan ser mejores. Por eso, un buen líder, antes que trasmitir una buena idea a un grupo, trasmite una emoción adecuada. Al tener esto claro, el grupo aceptará la idea y con su energía ayudara incluso a mejorarla. Steve Jobs sabía de esto y estimulaba los corazones de su equipo de trabajo al transmitirles pequeños discursos con frases cargadas de contenido inspirador, como la siguiente: "Esto es para los locos. Los inadaptados. Los rebeldes. Los alborotadores. Los que ven las cosas de otra manera… los que cambian las cosas. Los que empujan a la raza humana hacia adelante. Y mientras algunos pueden verlos como locos, nosotros los vemos como genios".

Libera al genio que hay en ti

No enseñes la partitura, toca la música.

HANSS ROSSLING

En el fondo, todos somos unos genios. Quizá la sociedad haya opacado tu luz, quizá el trabajo haya apagado tu creatividad, quizá la escuela haya ocultado tu talento, quizá la televisión haya escondido tu genialidad, pero en el fondo, ella sigue estando dentro de ti, sigue siendo parte de ti, porque nace en tu corazón y mientras estés vivo, la genialidad está contigo. Mientras estés vivo, tienes ese potencial creador que es capaz de crear y dar vida. Solo hay que descubrirlo o redescubrirlo, hay que buscar que es lo que nos apasiona, lo que nos motiva, lo que nos estimula, lo que nos inspira. Ya sea que busques afuera o dentro, lo encontrarás. Si lo buscas en el exterior, cuando lo encuentres, te sentirás inspirado; si logras inspirarte, por consecuencia lo encontrarás en el exterior. Si tu mente no responde, cárgala de inspiración, sumérgela en el corazón.

Busca lo que te apasiona de la misma manera en la que buscarías el amor de tu vida. Así como cuando encuentras el amor de tu vida y este amor libera al tigre que llevas dentro, lo mismo sucede cuando encuentras lo que te apasiona. En ese momento, liberas al genio que llevas dentro. Déjalo vivir, déjalo experimentar, déjalo ser.

Tal vez te apasione algún deporte, quizá te inspire escribir, es probable que te entusiasme expresarte oralmente o que tal vez te motive expresarte que de algún arte, que te guste cantar, que te guste diseñar, que te guste hacer música, tal vez te emocione poner una empresa, crear un negocio, que quieras ser un bailarín o un cocinero, que te apasione solo ayudar a la gente o sientas la necesidad de vivir tantas cosas. Seguramente pensabas que los niños genio tenían grande el cerebro, pero lo que tienen grande es el corazón. Así que si quieres ser un genio, deja de pensar y empieza a sentir, deja de razonar y empieza a disfrutar, deja de vivir desde la mente y empieza a vivir desde el corazón.

> *El genio trabaja en el cerebro, pero vive en el corazón y se manifiesta cuando empiezas a jugar, ya que el juego es el puente que une al cerebro y al corazón*

Sé consciente de lo que sientes en cada momento de tu vida. Identifica qué es lo que te apasiona, lo que te inspira, lo que te entusiasma. Júntate con personas que te compartan sus estados de ser, con personas que te trasmitan inspiración. Escucha música que te motive, que te encienda, que te haga sentir especial, que te relaje, que también te inspire. Cuando encuentres aquello que te apasiona, que te entusiasma, que te inspira, desarróllalo y llévalo hasta sus últimas consecuencias.

Deseo lo mejor para tu ser y que se multiplique todo aquello que quieres desarrollar.

Complemento interactivo: melodía de poder

Ahora reproduce la **Melodía Genialidad**, misma que puedes encontrar en el buscador de YouTube con el titulo *Melodía Genialidad - Los estados del Ser* ó en el siguiente código QR que te manda a la lista de reproducción del material interactivo de la obra:

Conecta con la genialidad, siéntela. Déjate llevar por la música, trae a tu mente todas esas escenas que te hagan sentir un genio, crea nuevas escenas donde te sientas como un genio, y por supuesto, tú seas el protagonista.

Esta canción la puedes reproducir tantas veces como sea necesario y escucharla tantos días como sientas que te haga falta. Recuerda que mientras más conectas con la genialidad, más genialidad surge en tu ser. Te recomiendo que después de la lectura, escuches esta canción toda la noche en modo de repetición, mientras estas durmiendo. Disfruta la experiencia. Bendiciones para ti.

CAPÍTULO VIOLETA:

ESTADO DE SER PAZ

Elemento interactivo: Ondas binaurales

Este capítulo incluye material interactivo que consiste en la reproducción de un audio de ondas binaurales, para potencializar tu poder de concentración. Este audio deberá reproducirse mientras se lee el capítulo, para hacer de la lectura una experiencia placentera. Reproduce la melodía llamada *Ondas binaurales para la concentración*.

Las ondas binaurales para la concentración las encuentras en el buscador de YouTube con el titulo *Ondas binaurales para la concentración - Los estados del Ser* ó en el siguiente código QR que te manda a la lista de reproducción del material interactivo de la obra:

Se recomienda que uses audífonos, para una mejor experiencia. Recuerda que la finalidad es disfrutar la lectura, ya que disfrutando aprendes mejor.

ESTADO DE SER PAZ

Si queremos un mundo de paz y de justicia,
hay que poner decididamente la inteligencia
al servicio del amor.
ANTOINE DE SAINT EXUPERY

Actualmente hay tanta gente que tiene una vida ajetreada, acelerada, llena de preocupaciones y angustias. Tristes y afligidos, se dan cuenta de que no pueden seguir más con ese estilo de vida y deciden detenerse, cambian el rumbo de su vida y se dirigen hacia la paz. La paz en su ser es su nueva meta, su nuevo anhelo. Desean ardientemente encontrar la paz. La están buscando en las religiones, en las prácticas esotéricas, en el yoga, en la meditación y en muchas otras posibilidades.

Van en busca de la anhelada paz que han perdido en el camino y que se convierte en su nuevo destino. Llegan a considerar la paz como un fin, cuando es un medio. Llegan a considerar la paz como una meta cuando es un proceso. Pero, ¿dónde encontramos la paz?, ¿en qué momento la perdimos?, ¿qué hicimos para que desapareciera?, ¿qué suceso nos roba la tranquilidad que tanto nos hace falta?

La paz perdida

Hemos estado tan ocupados en nuestros deseos y aspiraciones, que nuestra mente ha tomado control de toda nuestra atención; hemos estado encendiendo tanto nuestra mente, que nuestro corazón se ha apagado y con él la reconfortante tranquilidad.

Muchas otras veces, también cometemos actos que nos roban nuestra paz, que no podremos recuperar hasta que esas acciones no se hayan sanado. Mientras los actos de injusticia, de venganza o de ventaja sobre nuestros semejantes no se hayan reparado, la calma no puede estar sobre nosotros. La paz se pierde porque para lograr nuestros objetivos, es decir, los del ego, nos valemos de todos los medios, llegando a pisotear a nuestros conocidos, amigos, familiares y hasta a nosotros mismos.

> *Conserva tu paz interna; antes, sana todas las situaciones externas que te afligen*

La paz es una llama que habita en nuestro corazón, esta se pierde cuando dejamos de cultivarla y cuando cometemos actos en contra de la paz. Dejamos de cultivarla al ignorar los asuntos del corazón y concentrarnos únicamente en nuestra mente. Cometemos actos contrarios a nuestra tranquilidad cuando nuestra mente tomo control total de nosotros, ignorando así al corazón. La conciencia del corazón puede discernir entre lo que nos es bueno y lo que no. Para ello utiliza no la razón sino la emoción. Si algo te provoca emociones negativas por medio de la intuición sencillamente no te conviene y al contrario si tu intuición te dice que te provocara sensaciones positivas si te conviene.

La mente, cuando está al control de nosotros, nos lleva al conflicto. Cuando el corazón es quien está al mando, nos encontramos en la paz. La armonía en nuestro ser es como la música: la percepción de nuestro ser es agradable si éste se encuentra en armonía y es desagradable si no lo está. El corazón es aquel que afina dicha música, el corazón es el que afina nuestro ser.

La mente se dirige al conflicto y el corazón a la armonía. El destino de la mente es un infierno y el del corazón el paraíso. Cuanto la mente toma el poder, el ego nos controla; cuando el corazón lo hace, el ser se manifiesta

En la naturaleza, no existe el concepto de la guerra. La paz y la armonía son algo natural. Jamás he escuchado que una raza de animales le declare la guerra a otra, ni que un animal entre en conflicto con otro solo porque no lo tolera. Nunca un tigre ha matado a otro animal porque le guarde rencor. Nunca un león se ha vengado de otro. Nunca he oído de un elefante que ha perdido la paz de su ser.

Los animales no han perdido la paz porque no se rigen por la mente para controlar su vida, sino por el corazón y éste les habla a través de los instintos. Es cierto que a veces se comen unos a otros y aun así mantienen la armonía, porque lo que hacen, lo hacen siguiendo a su corazón, a sus instintos básicos de supervivencia. Mantienen la paz gracias a que no tienen desarrollada la mente. De hecho, la paz no se encuentra en la mente, sino en el corazón, razón por la cual los animales nunca pierden la paz, ya que viven conectando con el corazón. Con esto no se pretende sugerir que debamos involucionar y ser como los animales, para regresar a la armonía, sin embargo, podemos aprender que los animales se guían por el ser, no por el ego, ya que éste último no existe en ellos.

Parece que la mente, nuestro máximo elemento de evolución, ha sido la que nos ha llevado a la guerra. Sin embargo, también poseemos un corazón muy evolucionado que no solo posee los instintos de los animales, sino también la intuición del hombre. Esta intuición o corazonada es más poderosa para guiarnos que nuestras más agudas ideas, solo se requiere confiar en ella.

¿De qué nos sirve conquistar el mundo, alcanzar nuestras metas y ser personas exitosas? ¿De qué sirve si en el camino llegamos a perder la paz? ¿De qué nos sirve estar rodeados de tantos objetos materiales, tantos lujos que no podremos disfrutar si no estamos en paz? ¿De qué nos sirve estar rodeados de personas tan maravillosas, las cuales no podremos gozar si no estamos en paz con nosotros? ¿De qué nos sirve vivir en un mundo tan hermoso si no le encontramos su belleza por no poder estar tranquilos? Decía Amado Nervo: "Hay algo tan necesario como el pan de cada día, y es la paz de cada día; la paz sin la cual el mismo pan es amargo".

La tranquilidad jamás la encontraremos en el mundo material, la tranquilidad proviene del ser y se instala en el corazón.

La fuente de la paz radica en nuestro corazón, es decir, está dentro de nosotros y no hay que buscarla fuera, hay que ir a las profundidades de nuestro ser. Esta paz no se pierde por que hayamos entrado en conflicto con alguien en el exterior. Se ha perdido porque nuestra mente y nuestro corazón están en desarmonía y lo que haya pasado en el exterior es resultado del interior. Nuestra vida está gobernada por dos principios: masculino y femenino, mente y corazón. Cuando estos dos principios entran en conflicto, nosotros vibramos en conflicto y atraemos a nuestra vida circunstancias que nos harán experimentar conflictos, es decir, más de lo mismo. Mahatma Gandhi confirmaba esto al decir que "la persona que no está en paz consigo misma, será una persona en guerra con el mundo entero".

Nuestra sociedad vive preocupada y temerosa por las guerras y los conflictos entre naciones. Las mentes poderosas están tan obsesionadas por controlar el mundo, es decir, viven desde el ego, como ya sabemos eso trae conflictos al exterior. Trae guerras contra los países. Resulta irónico cómo se inventan nuevas armas cada día para mantener el mundo en paz. Las mentes que controlan no pueden ver las consecuencias de sus actos, ya que se encuentran cegados de ego. Están tan regidos por sus cerebros que hasta llegan a imaginar que son seres que no poseen corazón y que no son de este mundo. La "paz" que se obtiene por medio del miedo, de la violencia y de las armas no es paz, es solo una tregua y en cualquier momento se saldrá de control. La paz no se obtiene vibrando en los estados del ego sino en los del ser.

Como ya hemos mencionado, la mente es controladora por naturaleza. Las mentes poderosas se han aferrado a controlar el mundo, por eso cada día se invierten millones de pesos en crear más armas para ganar guerras y "asegurar la paz de las naciones". La guerra no aniquila a la guerra, así como el fuego no apaga el fuego. Si el conflicto es como el fuego y la paz como el agua, solo la paz puede apagar el conflicto. Decía Albert Einstein: "Cuando me preguntaron sobre algún arma capaz de contrarrestar el poder de la bomba atómica, yo sugerí la mejor de todas: la paz." Si en nuestro mundo, gracias al poder de nuestra atención, hemos creado más fuego que agua, es decir, más conflicto que paz, resulta imposible que tan poca paz se pueda apagar todo el fuego que hay encendido. Al ser conscientes de hacia dónde dirigimos nuestra atención, podemos generar paz para apagar el conflicto. Como decía la madre Teresa de Calcuta: "No asistiré a movimientos contra la guerra, pero sí a los que son en pro de la paz." Al pensar de esta manera, le estamos dando más energía a la paz que al conflicto y donde esté la mayor cantidad de energía eso se manifiesta.

Para que la guerra pueda tomar forma en las naciones, las mentes poderosas se encargan de instalar miedo en los corazones de las multitudes. De esta manera, dicho miedo se encarga de atraer la guerra a nuestro mundo físico. Sería muy diferente si la sociedad promoviera y generara amor en los corazones de las multitudes. Si esto pasara, el amor atraería la paz a nuestro mundo. Como vemos en el mundo, el poder no reside en las mentes de los poderosos, sino en los corazones de las multitudes. Concluyendo: el corazón es el que tiene toda la energía para crear y la mente para dirigir, es decir, si las mentes poderosas no tuvieran la manera de inyectarnos miedo a nuestras vidas, simplemente no podrían generar esa energía que necesitan para crear guerras. Inyectan el miedo a los corazones a través de los medios de comunicación y controlando toda la información. Si notas, la mayor parte de información que fluye es sobre estados del ego. Esta información hace vibrar millones de corazones hasta generar la energía suficiente para crear un mundo dominado, un mundo apocalíptico. En otras palabras cuando experimentas estados de ego, cedes tu poder a alguien más y cuando experimentas estados de ser estás en el control de tu propia vida y de tu mundo.

Si lo que más deseas es recuperar la paz, deja de seguir tu vida en automático. Deja de hacer lo que hace todo mundo. Deja de ignorar las situaciones conflictivas y confróntalas. Enfrentarlas es la única manera de vencerlas. Pero enfréntalas con la armonía. La guerra es fuego y la paz es agua. Vence a la guerra con la paz. Leamos las palabras que decía Moshé Dayán: "Si quieres la paz, no hables con tus amigos, sino con tus enemigos".

La paz es como el amor. Así como el amor interno atrae al amor externo, la paz interna atrae la paz externa. Ya no pierdas tiempo buscándola allá en el exterior. La paz no está en las religiones. La paz no está en grupos de autoayuda. Dirígete hacia ti y redescubre la paz, esa que una vez te daba el poder de disfrutar la vida. Si no tenemos paz en el interior, de nada sirve buscarla en el exterior.

> *Cuando la guerra interna produce guerras externas, hay que hacer la paz interna para recuperar la externa*

El poder del perdón

Aun cuando hayamos perdido nuestra tranquilidad de la manera más cruel, tenemos la capacidad de recuperarla. Aun cuando hayamos cometido actos que no nos dejen ni siquiera conciliar los sueños, podemos recuperar nuestra paz. Aun cuando hayamos cometido las más grandes injusticias, podemos reencontrar nuestra paz nuevamente. El secreto es acceder al perdón. En el perdón está el poder de sanarnos. En el perdón está el poder de volver a sentir paz. Puedes pedir perdón por lo sucedido, sin embargo, eso no significa que se revierta todo el daño ocasionado. El perdón no cambia el pasado, pero si puede cambiar el futuro. De esta manera, vives un presente pacífico. La paz se pierde ante una injusticia, pero se recupera con el perdón.

> *El perdón es equivalente a cicatrizar, la huella queda pero la herida deja de sangrar*

Cuando cometemos actos de injusticia o alguien más los comete contra nosotros, ambos perdemos la paz.

Pero solo la recupera aquel que perdona al otro o aquel que se perdona a sí mismo. Si los dos se perdonan, ambos recuperan la paz. Si no perdonas a quien te ha ofendido, estás desperdiciando tu energía de por vida. Es como si existiera un vínculo energético entre ambas personas y, al mantener el odio activo, estas drenando tu energía, sintiéndote cansado, angustiado e intranquilo. Solo perdonando recuperamos la paz.

Si alguna vez has cometido una injusticia, pide perdón por el hecho ocurrido. Si te perdonan, encontrarás la paz, si no lo hacen, perdónate tú mismo y encuentra esa paz. Si han cometido alguna injusticia en contra tuya, perdónales; si se arrepiente tu agresor, ambos vivirán en paz y si no se arrepiente, solo aléjate de él; tú vivirás en paz. Aléjate de las personas que siempre están enojadas y buscando conflictos. La batalla que libran no es contigo, sino con ellos mismos. La forma suprema de vencer a tu enemigo es convirtiéndolo en tu amigo y la de vencer la guerra es hacer la paz. Perdonar es muy necesario para mantener la paz. Afirma Facundo Cabral: "En la tranquilidad hay salud, como plenitud, dentro de uno. Perdónate, acéptate, reconócete y ámate. Recuerda que tienes que vivir contigo mismo por la eternidad".

Perdonar es liberar. Libera a tu semejante y libérate a ti. Porque lo que haces con los demás te lo haces a ti y viceversa. Así que libéralos, perdónalos, libérate, perdónate. Rompe con tu ego en la medida que sea necesario para que obtengas la paz. Deshazte de los sentimientos de rencor y ten por seguro que la paz llegará a tu corazón. Cuando una persona vive con la paz como su estado de ser, solo piensa, habla y actúa con paz, incluso hasta sin actuar irradia la paz, porque él se ha convertido en la paz. Afirmaba Krishna: "Deshazte de tu ego y obtendrás la suprema paz".

Los seres que tienen la paz como estado de ser son capaces de perdonar y, al contrario, los que perdonan pueden formar la paz como un estado de ser. La paz verdadera es algo que se siente y se trasmite, no se logra firmando contratos. No se logra haciendo tratados. Tampoco se logra cuando es expresada por la boca, pero no sentida. La paz verdadera se logra cuando se toca el corazón de la otra persona y con actos se demuestra que ese perdón es verdadero. La paz verdadera se pacta en el propio corazón. El secreto para tener paz es que tú se la proporciones a los demás, ya que tú eres la fuente de la misma. Un corazón afinado que vibra en paz, puede afinar a un corazón que vibra en conflicto. Porque la paz es más grande que el conflicto y, como sabes, lo grande absorbe a lo pequeño, así como un pez grande se come al de menor tamaño.

Mientras más grande es tu ego, más difícil te es perdonar a quien te ha ofendido. Los niños, en cambio, que viven desde el ser, desde su corazón, son capaces de perdonar al instante, razón por la que pueden vivir en paz y lo seguirán haciendo mientras sigan conectando con su ser, tengan la edad que tengan.

Es necesario perdonar para poder acceder a un nuevo nivel de vida, un nivel donde se experimentara mucha más energía. El no perdonar mantiene tu energía estancada, es equivalente a estar endeudado y no pagar, razón por la que se pierde mucha energía. También es el equivalente a tener un compromiso y no cumplirlo; esto es muy desgastante. Para llevar nuestra vida a otro nivel es necesario tapar todas nuestras fugas energéticas y el poder del perdón funciona para ello. Pide perdón. Perdona. Perdónate. Perdónense. Vive y vivan en paz.

Un hecho sorprendente

El 13 de mayo de 1981, cuando el Papa Juan Pablo II viajaba a bordo de su vehículo descubierto, por la plaza de San Pedro, avanzaba lentamente, saludando a miles de personas reunidas, cuando de pronto un joven le disparó dos balazos: había sido herido en el abdomen y el antebrazo. El joven que le disparó fue detenido. En el hospital a donde trasladaron al Papa se informó que moriría en cualquier momento. Tras una cirugía de seis horas, el Papa quedó fuera de peligro. Una semana después aun en el sanatorio, informó públicamente que perdonaba al joven. Este respondió diciendo que no se arrepentía.

Aunque el Papa se recuperó, sufrió serias consecuencias que requirieron varias operaciones más, una dieta permanente y cuidados especiales por toda su vida. El joven fue condenado por el sistema carcelario a cumplir una cadena perpetua en una cárcel romana.

Habían pasado ya dos años desde el atentado, cuando el joven recibió una extraña noticia: el papa había solicitado una reunión con él. Este encuentro duró dieciocho minutos. Se conservan varias imágenes de él; en una, el Papa lo abrazaba y lo tenía tomado de la mano; en otra, los ojos del joven miran atentamente su rostro, en una más, aparecen en el fondo de una habitación y el Papa parece explicarle algo.

No se sabe qué fue lo que conversaron estos hombres de religión distinta. Al término de la visita, el Papa se limitó a decir: "Hablé con un hermano, lo perdoné y goza de mi confianza. Lo que nos hemos dicho es un secreto entre nosotros".

El perdón no terminó ahí. En los años siguientes, el Papa buscó reducir su condena y pidió clemencia para él. En el año 2000 fue liberado, aunque lo extraditaron a Turquía donde tenía cuentas pendientes con su país desde antes del atentado.

En febrero del 2005, dos meses antes de morir, el Papa estaba hospitalizado de nuevo, ahora por problemas respiratorios. Una mañana, le entregaron un sobre procedente de Turquía. Había una carta manuscrita del joven, donde éste le decía "Me dijeron que usted está muy enfermo. Le deseo que se recupere pronto". El antiguo asesino era un hombre nuevo. Sin duda Juan Pablo II fue un ejemplo de lo que predicaba, una vez dijo: "No hay paz sin justicia, no hay justicia sin perdón".

El mejor camino

Una vida llena de penas, de intranquilidad, de inestabilidad es una vida que no vale la pena vivir, al menos, no de esa manera. Vinimos a este mundo a disfrutar de la vida, a vivir plenamente, con paz; esto es lo más natural que existe, así todo fluye, tal y como pasa en la naturaleza. Porque vivir con paz es vivir desde el corazón y vivir desde el corazón, es vivir, mientras que vivir desde la mente, es sobrevivir. El corazón está por encima de la mente. No razona, pero siente.

El mundo es sensible a las emociones, no a las ideas ni a los prejuicios. La única manera de trascender es experimentando la existencia desde el corazón. La paz es para los seres elevados. Como decía Buda: "Estamos en este mundo para convivir en armonía, quienes lo saben no luchan entre sí".

La manera para guiar a otros en el camino de la paz es convertirnos nosotros en ese camino de paz, ser la paz. Seremos como una antorcha portadora de paz. Capaces de encender todas las demás antorchas apagadas. Porque la llama de la paz radica en nosotros. Ve el ejemplo de Mahatma Gandhi, en el cual logró transformar a una nación que quería guerra y únicamente usó lo que él tenía en su ser, su mejor arma. Si le hubiera declarado la guerra a una nación que tiene demasiada fuerza militar, jamás los hubiera vencido, pero los transformó con la única arma capaz de contrarrestar la fuerza destructora de la guerra: la paz. Así como Gandhi era la antorcha de la paz, logro encender la llama de paz en todos los corazones de la India. Era tanta su paz que podía contagiar a las masas. Lograba eliminar las manchas de odio de las personas y para ello solo usaba su presencia. De la misma manera, lo puede hacer cada persona de la tierra. Podemos encontrar la paz aquí y ahora y no en un futuro incierto. Como lo afirmaba el líder Hindú: "No hay caminos para la paz, la paz es el camino". La paz es el camino por el cual el ser transita, el ego transita por el conflicto. Solo experimentando paz en nuestro corazón, nuestro ser se expresa con plenitud. Cuando el ser se expresa, el universo obedece, porque éste obedece a las vibraciones del corazón.

La paz comienza con el respeto, con la tolerancia, con el amor. Como se dice comúnmente: "Nunca hagas a los demás lo que no quieres que te hagan a ti", ya que la vida es un espejo y te trata como la tratas. También cada persona es un espejo y te trata como te tratas tú; cada persona se refleja en ti y tú te reflejas en ella. Si tratas con amor al ser que consideras como el más malo, éste responde con amor; si tratas con violencia al ser que podría considerarse como el más bueno, te responde con violencia. Todo se reduce a un reflejo de las emociones emitidas, donde unos accionan y otros reaccionan. Normalmente, los que reaccionan son los que sintonizan con el ego y los que accionan sintonizan con el ser. Como ves, solo los corazones o seres grandes son capaces de accionar, el resto reaccionan. Estoy seguro que tú eres de los que accionan.

Decía la Madre Teresa: "La paz comienza con una sonrisa". Si sonríes, te devuelven la sonrisa y eso es algo espontáneo, algo que nace del corazón sin ningún interés, solo fluye. Así como hay personas que viven tan alegremente que cuando están a punto de contarte un chiste, aun ni empiezan y ya están riendo a tal punto que son capaces de contagiar a todo su público. Esa es la magia de los estados de ser, son contagiosos. De igual manera, quien posee paz puede darte paz. Líderes como Jesucristo, Juan Pablo II, la Madre Teresa y Mahatma Gandhi han hecho vibrar a los corazones con los que han tenido contacto y no solo eso, han trascendido el mismo tiempo y espacio, haciendo vibrar a los corazones actuales. Ese es el poder de los estados de ser. Es eterno. De aquí nace la expresión: "No está muerto, vive en nuestros corazones". De esta manera, estos grandes seres se han inmortalizado.

Vivir en el ahora

Las circunstancias nos definen, pero también nosotros las definimos. Si poseemos un corazón débil, las circunstancias nos dan forma, pero si nuestro corazón es fuerte, nosotros somos quienes le damos forma a las circunstancias. Nuestro corazón se vuelve fuerte justo al comenzar a vivir en el ahora, en el momento presente, no en el pasado ni en el futuro. En el presente es cuando se tiene el poder de transformar las situaciones.

Nuestro verdadero poder está aquí y ahora. Olvidamos el pasado y el futuro. Ese pasado que tanto nos aflige y ese futuro que tanto nos angustia. Cuando estamos viviendo en el pasado o el futuro, nuestro ser esta desconectado. Nuestro ser se vuelve a conectar en el momento en que está en el presente; al estar conectado con el presente, está en armonía con todo, al estar en armonía con todo, tiene poder. El presente no está condicionado por el pasado ni por el futuro, tampoco está condicionado por la mente, únicamente está fluyendo con el poder del propio corazón. Con el poder de tu interior. Pero para acceder a ese poder interior, requieres centrarte en tu quietud interna, solo así encontrarás la paz que proviene de tu propio ser: tu paz. Es la paz la que te da todo ese poder que necesitas para alterar la realidad con la que tienes contacto. Porque es el corazón el que está conectado con la realidad y la frecuencia que éste emite resuena en la realidad.

Cuando vives en el momento presente, realmente se puede decir que estás viviendo. En ese momento tienes tu máximo potencial. Es en el momento presente donde puedes hacer lo que quieras, donde te sientes como en tu casa, independientemente de que estés muy lejos de ella. Es el momento presente el que te empodera y te llena de energía. Te llena de energía porque estás viviendo desde tu corazón y tu corazón es una fuente de energía ilimitada.

> *El universo es energía infinita, al vivir en el ahora estamos conectados a esta fuente inagotable de energía*

La paz solo se encuentra en el momento presente, por eso es un camino, no un destino. La paz no la encuentras en un lugar específico, sino únicamente en tu corazón, por eso, la paz está aquí y ahora, en el fondo de tu ser. Cuando la encuentres, hagas lo que hagas, te sentirás en paz. Podrás disfrutar cada acción en el presente perfecto y no dedicarte a pensar en un futuro ideal. Desde cosas tan comunes como: disfrutar lavar los platos sin estar pensando en el postre que están sirviendo. Cuando te sales del momento presente experimentas ansiedad, pierdes el estado de ser que estas experimentando, pierdes la anhelada paz. Al momento presente se accede solo con el corazón. Al pasado y al futuro solo con la mente y ahí no se pude hacer nada. El poder está aquí y ahora, en tu corazón.

El poder infinito de la paz interna

El universo es un lugar donde reina la armonía, es armónico en su esencia, está en paz consigo mismo, es lo más poderoso que existe. Si lo que quieres es acceder al enorme potencial del universo, solo aprende de él. Míralo como un ejemplo a seguir, como un gran ser que lo tiene todo e imítalo; de esta manera, tendrás lo que él tiene.

Compórtate como él, de manera armónica, así te centrarás en la esencia del propio universo, te conectarás con él, tendrás todo lo que él tiene, serás un ser lleno de poder porque está conectado con el universo, un ser que no podrá se dañado por seres pequeños como los humanos porque está conectado con un ser infinitamente más grande: la totalidad del universo.

> *Mientras más paz albergues, mayor poder tienes, ya que el que tiene más paz es el más equilibrado con el universo, por lo tanto, el más atendido por él*

Como sabes, el universo es sumamente abundante, crea todo para sí mismo de la nada y nosotros somos un universo fractal hecho a su imagen y semejanza; un universo en el que las leyes del macrocosmos aplican al microcosmos que somos nosotros, donde todo está conectado con todo y la escases que puedas experimentar en tu vida no es más que producto de la propia desconexión con el abundante universo. Para acceder a esa conexión, donde lo hay todo, requieres acceder a tu propio ser y experimentar desde ahí la paz. En la medida en que tu paz sea más profunda, así de fuerte será la conexión, por lo tanto, más grandiosa será la abundancia.

> *Antes que la prosperidad está la paz*

Imagina un mundo donde todo lo que creamos esté al servicio del ser, para apoyarlo a mejorar, a crecer, a evolucionar; un mundo donde todas las creaciones sean para nuestro bienestar, donde nuestras invenciones estén hechas para mejorar la armonía y convivencia de las personas; un mundo que sea el reflejo de nuestra paz experimentada, un mundo armónico donde todas nuestras intenciones se basen en el bienestar personal y de nuestros semejantes, regido por las leyes del amor, donde todos dan más para recibir más, donde seamos humanos con corazones que estén por encima de la mente. Un mundo de hombres y mujeres de verdad.

Sea cual sea la aspiración que tienes en la vida, mejorar salud, por ejemplo, la alcanzarás cuando encuentres tu paz; si quieres mejorar tu prosperidad, la mejorarás cuando te encuentres en paz; si anhelas encontrar el amor de tu vida, lo encontrarás cuando te encuentres en paz. Si quieres ser feliz, lo serás cuando la paz este en ti; si quieres ser un genio, lo serás cuando encuentres tu paz. La paz es el principio para hacer y a medida que crezca tu paz, podrás hacer en tu vida. Porque mientras más grande sea tu paz, más grande eres tú y más grande será toda tu vida, desde tus relaciones hasta tus bienes materiales. La grandeza que posees en el exterior es resultado de la interior. Cuando la paz está instalada en nuestro ser, viene a nosotros la trascendencia, como lo afirmaba Confucio: "El hombre superior vive en paz con todos los hombres".

Toda acción produce una reacción

Una persona que siente paz acciona para que otra reaccione y sienta paz. Los actos de accionar se manifiestan al hacer, decir, pensar y también al no hacer, sin embargo, en todos estos actos está involucrado el sentir, para poder generar una reacción. El sentir es muy importante, ya que es la energía necesaria para darle vida a nuestro acto y para que éste genere una reacción en quien esté en contacto con nosotros.

Como ya se ha dicho, los grandes seres son capaces de accionar, los demás son se dedican a reaccionar. Un ser superior es activo, mientras que uno inferior es reactivo. En las acciones está el poder, mientras que en las reacciones está la debilidad.

Si una persona vibra en conflicto es un ser inferior, por vibrar en estados del ego. Enfrentar a esta persona conflictiva con más conflicto es reaccionar ante su acción, es ser más inferior que este. La superioridad se da cuando se vibra en los estados del ser y solamente desde el ser es desde donde se logra vencer al ego.

Cuando existe un enfrentamiento entre dos personas, no significa que ambas vibren en conflicto. Pero si la que vibra en conflicto le transmite este estado al otro, sencillamente el ego se expande y se manifiesta la guerra. Si el que vibra en paz le transmite este estado al otro, de igual manera, el ser se expande y se manifiesta la armonía. Si estás en un enfrentamiento y pierdes la paz, has sido vencido, como decía Gandhi: "Perder la paciencia es perder la batalla". En cambio, si estás en un enfrentamiento y transmites tu paz, has ganado y tu rival también. Con los estados del ser se mantiene la filosofía ganar-ganar, mientras que con los estado del ego todos pierden, aunque a veces se tiene la ilusión de que se gana.

Imaginemos un conflicto con alguien más, donde resultas bofeteado, devolver los golpes es reaccionar ante sus acciones. Si esa persona en su ser está llena de violencia, la transportará a ti, si tú reaccionas. Entonces, se podría decir que él es más fuerte que tú ya que el acciono y tu reaccionaste. Hacer algo completamente diferente en esta situación es romper con los paradigmas establecidos, es volver a accionar, para generar una nueva reacción, es manifestar más poder. Es usar la superioridad de la que se ha hablado.

Jesucristo ante esta situación recomendaba no regresar el golpe a quien te bofeteó, sino mostrarle la otra mejilla. Mostrársela no como señal de estupidez ni debilidad, sino hacerlo como una señal de firmeza y, aparte, sonreír. Transmitirle tu paz. De esta manera, el mensaje implícito en este acto es que el agredido resulta ser infinitamente más fuerte que el agresor. Este motivo desconcierta al agresor, haciendo que su estado de ego se dispare al estado de ser que tú posees. En realidad esto termina en una lucha de presencias, donde, por un lado, está la presencia agresora dominada por la violencia y, por otro, la presencia agredida generando paz y poder. Definitivamente, la batalla la gana la presencia o el estado de ser que se expande a las dos personas. Por ejemplo, si agarras a golpes al tipo que te agredió, aunque le ganes físicamente, desde el momento de empezar a pelear has perdido, ya que su estado de ego llegó a contaminarte, generando la violencia. Y al contrario, si rompes con este paradigma de acción-reacción y generas una nueva acción donde se manifieste todo tu poder de presencia en el estado de ser paz, le darás un giro a la situación y habrás ganado la batalla en el momento de expandir tu estado de ser a la otra persona. Habrás ganado sin haber luchado físicamente, pero si energéticamente.

Esto es lo que han hecho todos los grandes líderes humanistas a lo largo de la historia. Esta fue la fuerza que permitió que Gandhi contrarrestara la violencia de los ingleses, aun sin enfrentarlos; los vencía antes de empezar la batalla, sin luchar y solo con su presencia, porque lograba contagiar su presencia a los demás. Este es el poder de un gran líder: llevar su estado de ser a las demás personas, volviéndose invencibles, siendo pacíficos. Como vemos, la ley de la naturaleza donde el más fuerte se impone sobre el más débil sigue vigente, sin embargo, el más fuerte no es el de grandes brazos y de gran fuerza física, sino aquel que posee la fuerza de la voluntad, que radica en la esencia del ser, donde toda la energía que se utiliza proviene del corazón.

La tercera ley de Newton afirma que a toda acción corresponde una reacción de la misma magnitud, pero en sentido contrario. Nuestro ser está por encima de esta ley únicamente cuando tiene la suficiente conciencia. En este punto, todas las acciones del exterior, del ambiente, de las circunstancias y de las personas no son capaces de hacernos reaccionar, a menos que lo permitamos. Si poseemos una grandeza en nuestro ser, que es más grande que las mismas circunstancias, somos capaces de hacer reaccionar con nuestras acciones al mismo universo y por ende todo lo que está inmerso en él.

Te invito a que seas consciente de todas tus reacciones y les pongas un alto. Te reto a que seas fuerte y dejes de reaccionar para empezar a accionar, solo así estarás por encima de todas las consecuencias que arrastran a la mayoría de las personas, estarás generando las causas para generar una vida que vale, no la pena, sino la vida. Siendo consistente en lo que experimenta tu corazón, serás de los seres superiores que accionan generando reacciones en el mundo.

Sé el cambio que quieres ver en el mundo

Todos nosotros, desde niños, tuvimos la intención de cambiar el mundo. Sin embargo, nuestra atención se enfocó tanto en el mundo que los estados del ego y éstos terminaron cristalizándose en nosotros. El mundo terminó por cambiarnos y, entonces, nos convertimos en adultos. De adultos nos enfocamos tanto en el exterior que nos olvidamos del interior. El exterior le dio forma al adulto, ahogando a ese niño que sigue atrapado en el interior, atrapado en la cárcel del ego.

Hoy es momento de que el niño sepa que no tenía que cambiar al mundo, solo tenía que sintonizar cada día y todos los días con su ser para seguir siendo niño y mantener su poder. Al sintonizar con su ser, todo eso que quería ver en el mundo lo estaría viviendo en su mundo. Se habría convertido en lo que quería ver y el mundo se adaptaría a los estados de este ser.

El mundo en realidad no necesita ser trasformado, quien necesita la transformación eres tú. Solo transformándote tienes el poder de transformar, así como destruyéndote tienes el poder de destruir. El mundo no necesita evolucionar, el que necesita evolucionar eres tú. El mundo en realidad solo es un espejo y en él solo puedes ver aquello que tú eres. Si tú cambias, el mundo cambia contigo; para quienes se quedan estancados, el mundo se queda estancado con ellos. El cambio no está en el mundo, está en ti y cuando tú cambias, éste cambia.

Vive cada día disfrutando la vida, alegrando corazones, mejorando las relaciones entre las personas.

Se espontáneo, creativo, sé un niño nuevamente. Mantén tu mente abierta, pero escucha a tu corazón. Suelta lo que no te sirve. Libéralo. Perdona y pide perdón haciendo la paz. Olvídate de todo lo que eres (o crees que eres), de lo que has logrado, de todos tus títulos, de las etiquetas y busca la manera de no definirte a ti mismo, porque definirte es limitarte. Solo olvídate de todo y céntrate en tu ser. Ahí está la paz, la felicidad y el poder creador. Reúnete con personas que te den tranquilidad. Haz cosas que te den tranquilidad, pero no te apegues a ellas. La paz está en ti. Tú eres la paz. Confía en ti. Sé cómo el pájaro que confía al posarse en la rama del árbol, no porque su confianza esté en la rama, sino en sus propias alas, es decir, en él.

¿Qué es lo que quieres para tu familia, para la sociedad, para tu país, para la humanidad? ¿Quieres felicidad, amor y prosperidad? Eso que quieres para los demás, si lo creas en tu ser, entonces se los puedes dar. Si quieres felicidad para los demás, se feliz tú y dales de la felicidad que ahora tienes; si quieres amor, ámate a ti y dales del amor que tienes; si quieres prosperidad, sé prosperó, genera riqueza en tu vida y contagia a los demás de lo que ahora eres.

Eso que quieres ver en el mundo, atrévete a verlo en ti, a generarlo en ti, a manifestarlo en ti y hazlo tan grande que abarque a todos. Haz tus estados de ser tan grandes que abarquen multitudes. Haz tus estados de ser tan poderosos que abarquen a la humanidad entera. Sé el cambio que quieres ver en el mundo, así serás más grande que el mundo, así serás tú.

Complemento interactivo: melodía de poder

Ahora reproduce la **Melodía Paz**, misma que puedes encontrar en el buscador de YouTube con el titulo *Melodía Paz - Los estados del Ser* ó en el siguiente código QR que te manda a la lista de reproducción del material interactivo de la obra:

Conecta con la paz, siéntela. Déjate llevar por la música, trae a tu mente todas esas escenas que te hagan sentir mucha paz y tranquilidad, crea nuevas escenas donde te sientas como un hombre pacífico donde, por supuesto, tú seas el protagonista.

Esta canción la puedes reproducir tantas veces como sea necesario y escucharla tantos días como sientas que te haga falta. Recuerda que mientras más conectas con la paz, más paz surge en tu ser.

Capítulo final

Elemento interactivo: Ondas binaurales

Este capítulo incluye material interactivo que consiste en la reproducción de un audio de ondas binaurales, para potencializar tu poder de concentración. Este audio deberá reproducirse mientras se lee el capítulo, para hacer de la lectura una experiencia placentera. Reproduce la melodía llamada *Ondas binaurales para la concentración*.

Las ondas binaurales para la concentración las encuentras en el buscador de YouTube con el titulo *Ondas binaurales para la concentración - Los estados del Ser* ó en el siguiente código QR que te manda a la lista de reproducción del material interactivo de la obra:

Se recomienda que uses audífonos, para una mejor experiencia. Recuerda que la finalidad es disfrutar la lectura, ya que disfrutando aprendes mejor.

El poder de la presencia

La presencia se define como la energía que irradia una persona. Existen toda clase de presencias y ninguna es igual por dos razones: la primera es que cada presencia posee diferentes estados de ser y cada uno tiene su propio desarrollo, por ejemplo, puede una persona irradiar más amor que prosperidad; la segunda es que todas las presencias poseen diferentes grados de energía, por ejemplo, a pesar de que pueden existir presencias similares como la de la mayoría de las monjas que poseen estados de ser de amor, humildad, compasión, etc., pero si comparamos la presencia de una monja ordinaria con la de la Madre Teresa, resulta que la energía de ésta última es inmensa.

La presencia de cada ser es el equivalente a la totalidad de la vibración de todos los estados de ser y cada uno en diferente frecuencia (es su marca personal). Si ponemos nuevamente el ejemplo de presencia de la Madre Teresa, resulta que posee gran variedad de estados de ser y cualidades, destacando el amor, la humildad, la alegría, la lealtad, la felicidad, la caridad y la compasión, y cada uno de éstos tiene su propia vibración energética. La totalidad de todos los estados de ser en diferente frecuencia es lo que define la forma de la presencia de la Madre Teresa.

La vibración de una persona es como una canción donde cada estado de ser equivale a un instrumento que está emitiendo cierta frecuencia. Cuando todos los instrumentos se mezclan armónicamente para formar la música, es similar a cuando se mezclan todos los estados de ser para formar la presencia. La presencia como la música es el conjunto de vibraciones emitidas.

Todos los grandes líderes que han existido, más que inteligencia, poseen presencia, vibración energética. Es esta energía la que mantiene a sus seguidores cerca de ellos. Las personas con poder de presencia son un sol que mantienen cerca y alrededor de ellos a todos aquellos que desean un poco de luz, donde la luz, más que ser conocimiento, es energía que irradia el líder en su presencia y hace vibrar a los demás con sus emociones. El sol de cada ser es su propio corazón que se encuentra encendido y mantiene a sus semejantes siguiendo las leyes del cosmos como si fueran planetas que giran alrededor de él, solo para que su energía los ilumine. El líder tiene eso que los seguidores anhelan, sin embargo, no lo saben, ya que es inconsciente. Los seguidores son atraídos por la energía o presencia del líder, no por la información. Es como si el líder poseyera un campo magnético que sale de su ser y se expresara a través de su corazón.

> *El corazón es el campo magnético que ejerce ese poder de atracción*

La forma de definir el poder de una presencia es a través de sus actos. Un verdadero líder no solo es una imagen presencial que está ahí solo para hablar, está para provocar resultados; si no lo hace, no es un líder; si no es capaz de llevar a la acción, de nada sirve, carece de poder. Como una vez Jesús dijo: "Por sus actos los conoceréis". Las acciones definen la presencia, las acciones amorosas definen a una presencia amorosa, las acciones conflictivas definen a una presencia conflictiva. Si un líder logra resultados o inspira a otras personas para que logren resultados, equivale a decir que es congruente con su presencia y que ésta es grande. Decir y no hacer es carecer de presencia.

Nuestros hechos son una extensión de nuestra presencia, si no hay resultados no hay presencia. Nuestras palabras son expresadas por nuestro ser y si éste carece de presencia, simplemente no se realizarán nuestros decretos. A medida que nos esforcemos por cumplir nuestra palabra con el ejemplo, nuestra presencia se tornará con mayor energía. Con el ejemplo se educa, se forman seguidores, se hacen movimientos sociales, se transforma el mundo. Se sigue el ejemplo porque se sigue a la presencia.

El poder de la presencia aumenta con los hechos. Cada acto que realizas es una materialización física que hablará por ti, es una materialización física donde se expresa tu ser. Cada acto que realizas te mantiene lleno de energía.

> *Cada acto que realices genera energía y desarrolla tu presencia*

La energía aumenta el poder de la presencia. Hacer algo, lo que sea, siempre y cuando sea a favor de alguien más aumenta el poder de la presencia. Ayudar y provocar sensaciones agradables en las personas que te rodean es energizante, es generar energía, amar a tu pareja en todo momento, pasar momentos alegres con tu familia, pasar momentos divertidos con amigos es generar energía. Regalarle un juguete a un niño es regalarle felicidad, esta felicidad se encuentra simbolizada en un objeto físico: el juguete. Mientras este juguete permanezca hará vibrar el corazón del niño en felicidad y, por resonancia, éste, el tuyo, y cada vez que vibra en estados de ser tienes energía, por lo tanto, este acto te da energía.

La vida nos multiplica todo aquello que nosotros le damos, sin embargo, lo que damos es lo que viene de nuestro corazón. Si, por ejemplo, damos amor a alguien, éste se multiplica y si nuestro amor abarca a más personas, éste se multiplica aún más. Así funciona con el resto de los estados del ser y todas sus cualidades. Deepak Chopra menciona que "cuando elegimos acciones que traen felicidad y éxito para otros, el fruto de nuestro karma es felicidad y éxito". Todo lo que damos es lo que hacemos y lo que hacemos aumenta nuestra presencia y aumenta nuestra energía.

Todos los grandes líderes que existen y han existido tienen poder de presencia porque han tenido y tienen energía. He aquí algunos ejemplos:

- La presencia de Mahatma Gandhi era tan poderosa y tan pacífica que llevó a la India hacia la independencia sin una revolución, utilizando únicamente la no violencia. Utilizando su ser.
- La presencia de la Madre Teresa de Calcuta era tan amorosa, humilde y compasiva que conseguía donaciones de los empresarios más tacaños del mundo.
- La presencia de Hitler era tan enérgica que hacía vibrar a sus oyentes y prendía al pueblo con un discurso.
- La presencia de Juan Pablo II era tan humilde que generaba mucho magnetismo entre sus seguidores.
- La presencia de Steve Jobs era tan ingeniosa que inspiraba a su auditorio.
- La presencia de Luther King era tan visionaria que compartió su sueño con millones de afroamericanos y juntos lo hicieron realidad.
- La presencia de Alejandro Magno era tan grande que generaba admiración en las multitudes extranjeras.
- La presencia de todos los santos era tan grande que generaban seguidores.
- La presencia de Jesucristo era tan grande que realizaba toda clase de actos-milagros utilizando su poder y energía.
- La presencia de Buda era tan grande que se podía sentir su tranquilidad a kilómetros de distancia.

> *Físicamente, todos somos similares, pero presencialmente hay hombres, hay gigantes y hasta dioses entre nosotros*

La presencia en acción es capaz de trasformar al mundo. El poder de la presencia se basa en la energía personal. El poder de la presencia son todos los estados de ser vibrando con mucha energía. La cuestión es generar esa energía. La presencia de Buda que vibraba en paz era tan grande que abarcaba cerca de 700 kilómetros y tenía como epicentro su corazón. Imagina la sensación que sentían quienes entraban en su aura. Sin saber cuál era la razón, simplemente sentían paz por estar dentro de su presencia, que era casi del tamaño de un país. Por esa razón podía realizar una transformación en la sociedad.

Imagina un mundo donde se levanten muchos líderes con poder de presencia y tú eres uno de ellos. Sin duda, el mundo se trasformará hacia donde se dirijan las presencias más grandes. Tal y como el Dalai Lama menciona: "Quien se transforma, transforma el mundo". Te pregunto: ¿hacia dónde va tu presencia? ¿Cuáles estados de ser seguirás desarrollando? Sean los que sean, ten en cuenta que estos son ilimitados porque el ser es ilimitado.

El incremento de la energía

La energía siempre es y ha sido parte del desarrollo de nuestro ser. Mientras más energía poseemos, nuestro ser se desarrolla con mayor grandeza. Mientras más energía tenemos más presencia irradiamos.

El secreto para hacer cosas grandes es poseer mucha energía. Existen algunas acciones que drenan energía y es necesario sanarlas, ya que si no es así, nunca utilizaremos toda nuestra capacidad energética. También existen otras acciones que multiplican nuestra energía personal y es necesario conocerlas para poder desarrollar nuestro ser y que éste alcance todo su potencial.

Acciones que restan tu energía

No perdonar. No perdonar es lo mismo que vivir atado a una vida donde constantemente se generan y alimentan estados del ego y sus cualidades como odio, tristeza, miedo, angustia, etc. Perdonar es liberar esa situación que nos está drenando la energía; en algunos casos es de por vida. Perdonar es sanar y poder utilizar tu energía sin que ésta se pierda. Existen muchas enfermedades que se originan solo por el hecho de negarse a perdonar a quien nos lastimó; cuando lo hacemos, la enfermedad desaparece.

No pagar tus deudas. Una deuda es un acuerdo que te mantiene atado, que si no se cumple, se pierde más energía que cumpliéndolo. Una deuda es angustiante, no puedes mantenerte tranquilo, no puedes estar en paz. No pagar una deuda es similar a no perdonar, se pierde mucha energía. Lo mejor es sanar las situaciones económicas que en el fondo son situaciones emocionales. Lo mejor es formar el hábito de generar tu propio dinero y así nunca endeudarte. De esta manera mantienes tu energía. Estar endeudado es lo mismo que estar esclavizado y pagar la deuda es pagar tu libertad. Estar sin deudas es estar libre.

No cumplir tus promesas. El hábito de hacer promesas y no cumplirlas también es una situación que nos drena mucha energía. Se pierde menos energía cumpliendo esa promesa que seguir prometiendo y nunca cumplirla. Si existe una situación que está más allá de nuestras capacidades, lo mejor es no prometer, así no comprometerás tu energía a dicha situación. El no cumplir tus promesas te resta energía, cumplirlas, produce el efecto contrario, te da más energía. Conviértete en un hombre de palabra, ya que tus palabras son una extensión de ti mismo, si cumples lo que prometes, tienes cada día más energía.

Vibrar en estados del ego. Las emociones en las que vibra tu corazón, si son negativas, son capaces de enfermar al cuerpo. La enfermedad se da por la ausencia de energía. Las emociones negativas son energía baja. En algunas ocasiones es más perjudicial que tu corazón genere mucho odio y depresión que comer alimentos dañinos. No hay nada externo que te pueda dañar tanto como tú mismo. Si queremos mejorar esta situación, lo mejor es cambiar a vibrar estados de ser.

Rodearte de personas tóxicas. Las personas tóxicas, muchas veces están dentro de nuestros círculos sociales que frecuentamos a diario, pero no nos damos cuenta de ello. Las personas toxicas son el equivalente a la manzana podrida que llena de gusanos toda la canasta, lo mejor es alejarte de ellas. Existen personas que solo su presencia es capaz de enfermarnos, son vampiros energéticos que roban nuestra energía solo por contacto o cercanía. Hay que identificar estas personas y alejarnos de ellas. Rodearte de personas tóxicas es veneno para tu ser. El antídoto son las personas saludables.

De poco nos sirve el desarrollo y despertar de la conciencia si no despertamos ni desarrollamos la energía. El despertar de la conciencia es el principio masculino del ser superior; éste, de nada sirve si no está latente el principio femenino, que es el despertar de la energía. Para que la conciencia siga aumentando, se necesita energía y para que la energía siga aumentando, se necesita conciencia. Ambas van creciendo y creando simultáneamente. Como decía el brujo Don Juan Matus: "Si no tenemos suficiente poder personal, se nos puede revelar la sabiduría más grande y esta revelación nos importaría un ajo". Para seguir despertando nuestra energía es necesario realizar todas aquellas acciones que nos conectan con el ser y nos mantienen en armonía.

Acciones que multiplican tu energía

Ordenar tu ambiente. Cuando todo nuestro ambiente está desordenado es un reflejo de que nuestro ser no está expresándose debido al ambiente caótico. La solución consiste en ordenar nuestro cuarto, nuestra oficina, nuestro estudio y todos los espacios donde se exprese nuestro ser. Cuando todo está ordenado, tu energía simplemente fluye de manera armónica y se trasmite para quienes se encuentran en tu espacio. Si más personas llegan a tu espacio y éste las contagia positivamente, más energía a tu favor obtienes. Tu espacio es una extensión de tu ser y es necesario esté limpio para que tu ser potencialice más energía.

Asea tu cuerpo. Tu cuerpo es el templo donde habita tu ser. Mantener tu cuerpo limpio te da una enorme sensación de bienestar. Una ducha con agua caliente es muy relajante y, si cambias al agua fría, resulta ser activante, haciendo que tu circulación sanguínea pueda fluir con más facilidad, por lo que la energía de tu ser hace lo mismo. A mejor circulación mayor energía. El bautismo con agua es un acto simbólico que hace referencia a que el espíritu fluye en ti como fluye el agua en los ríos.

Aliméntate saludablemente. La alimentación saludable es indispensable para mantener tu cuerpo lleno de energía. Existe un tipo de alimentación que estanca tu energía porque enferma tu cuerpo, mientras otra sana tu cuerpo y la energía circula libremente por él. La alimentación que enferma es la alimentación ácida que consiste en alimentos de bajo nivel de PH, como lo son todas las carnes, azucares, derivados de animales, conservadores, químicos y todos los procesos que modifican los productos naturales. La alimentación sanadora y energizante es la alimentación alcalina y ésta consiste en comer frutas, verduras, semillas y miel. Todo lo natural posee un PH alcalino. Las sustancias alcalinas son conductoras de electricidad, es decir, energía. Si el cuerpo se encuentra alcalino, la energía puede fluir con mayor facilidad. Un dato muy importante es que todos los más grandes genios, filósofos y humanistas que han existido han sido vegetarianos.

Haz ejercicio. Hacer ejercicio es mantener al cuerpo activo. Mientras el cuerpo está activo, se está regenerando; al contrario de las máquinas mientras se mueven, se desgastan. El cuerpo humano, si está en constante reposo, se desgasta, pero si está en constante movimiento, se mantiene rejuvenecido, lleno de energía y funcionando en niveles óptimos. El movimiento es energía y mantener el cuerpo en movimiento es energizarlo. Sea cual sea el deporte que hagas mantente en movimiento, así como todo el universo contantemente se mueve. Mientras haya movimiento, habrá vida.

Conecta con la naturaleza. La naturaleza es una enorme fuente de energía. El hombre cuando se aísla, apaga su corazón y enciende su mente, pero la naturaleza hace vibrar de nuevo nuestro corazón. En la naturaleza, nuestro ser se siente conectado con todo. Todo es energía y es necesario conectarnos por medio del corazón con todo. Sentir la vida, sentir a los animales, sentir a las plantas, sentir a las rocas te da energía, estar en contacto con los cuatro elementos básicos nos mantiene llenos de energía, el agua, la tierra, el viento y el sol nos dan energía. La naturaleza activa nuestra conexión que nos mantiene funcionando con los ciclos y la energía del mismo universo.

Duerme lo necesario. Nuestro ser no es solo el cuerpo físico, éste es solo la última manifestación del mismo. Es necesario que la energía fluya a través de todos los cuerpos o planos de nuestro ser, por eso, dormir es necesario para que el ser se siga expresando y energizando en planos superiores.

Vibra en estados de ser. Afirmaba el maestro Jesús: "No es lo que entra por la boca lo que contamina al hombre, sino lo que sale de ella, porque lo que sale de la boca del corazón procede". El alimento más energizante no es lo que se ingiere, sino el que se emite, el que produce el corazón. El corazón produce emociones y las emociones son energía, si éste produce emociones positivas, esto equivale a niveles de energía elevados. En otras palabras, más que alimentos físicos, necesitamos alimentos emocionales, que son energía. Las vibraciones que emite el corazón al experimentar estados de ser alcalinizan el cuerpo, incluso más que los alimentos saludables, por lo que fluye más energía.

Medita. Así como dormir es necesario para acceder a la energía de planos superiores, la meditación también es indispensable. Mientras en el sueño se accede a la energía superior de manera inconsciente, en la meditación se hace de manera consciente. La meditación es la conexión consciente con el universo.

Rodéate de personas equilibradas. Cuando dos o más personas positivas se reúnen, su positividad aumenta. Cuando dos o más personas sanas se reúnen, su salud incrementa. Cuando dos o más personas prósperas se frecuentan, su prosperidad se multiplica. Haz un grupo de amigos que te ayuden a dar un salto cuántico, de esta manera lo harás y mucho más fácil que por tus propios méritos, ya que todos usarán la energía de todos y juntos crearán una Mastermente para desarrollar lo que se anhela.

Para poder llevar a cabo toda clase de acciones, lo que se necesita es energía, para poder materializar sueños, lo que se necesita es energía, para poder transcender lo que se necesita es energía. La energía la obtenemos mediante acciones que se originan desde el ser y esta energía se trasforma en nuestro poder personal. Don Juan Matus mencionaba acerca de la energía: "Todo cuanto hacemos, todo cuento somos descansa en nuestro poder personal, somos seres luminosos y para un ser luminoso lo único que importa es el poder personal".

La llegada del superhombre

Hace más de un siglo, Nietzsche profetizó la manifestación del superhombre. Éste no sería como el hombre, ya que viviría en armonía con toda la creación. El superhombre sería la evolución del hombre, la máxima expresión de la tierra. Y para que este superhombre se manifestara serían necesarias tres etapas por las cuales pasaría.

La primera es la etapa de *esclavo* y se compara al hombre con un espíritu de *camello* en donde el ser es muy dócil, manso, siempre niega su potencial, se humilla y necesita de alguien que le dicte su deber.

La segunda etapa es la de *revolucionario* y se compara al hombre con un espíritu de *león*, en donde el ser refleja poder, se levanta contra lo establecido, posee un carácter rebelde y lucha por expresar libremente su voluntad, sin embargo, solo sabe destruir.

La tercera etapa es la de un *creador* y se compara al hombre con un espíritu de *niño*, donde se expresa su ser de una manera sumamente creativa. El superhombre consiste en volver a ser un niño, en desaprender todos los estados de ego impuestos por alguien más y desarrollar los del ser.

El superhombre es un arquetipo sembrado en nuestro inconsciente colectivo para hacer referencia a un súper ser, que ha establecido un vínculo muy fuerte con el universo, incluyendo, obviamente, a las mujeres, no solo a los hombres.

El superhombre ya está aquí y se está expresando a diario, está creciendo, necesita conciencia y energía, vive en armonía con todas las especies, vive sin ataduras físicas ni prejuicios mentales, es libre física y mentalmente, pues se expresa desde su espíritu y éste no puede ser prisionero jamás. El superhombre crea sus propias normas, entiende tanto el placer como el dolor y sabe disfrutar ambos, es consciente de sus actos y no se arrepiente de lo que hace, ni de lo que hará porque así se lo dicta su ser, es ese ser que sabe amar sin condiciones, que es feliz en todo momento, que manifiesta riqueza con facilidad, es ese ser saludable que posee un mejorado sistema inmunológico, que es capaz de expresarse con facilidad y con todos los seres vivos, incluido el universo, es ese ser ingenioso que constantemente está creando, que ha alcanzado la paz y vibra en ella, que posee todos los estados de ser y que hace de este mundo un mundo mejor, es ese ser que evoluciona conscientemente. El superhombre es el sentido de la tierra. ¡Un superhombre eres tú!, en esencia; tú eliges serlo en existencia.

El superhombre se encuentra detrás de tus pensamientos y sentimientos, el superhombre utiliza los principios creadores masculino y femenino del ser. El superhombre está detrás de ti y lo que crees que eres tú. El superhombre no se puede definir porque es ilimitado. El superhombre existe cuando el ser y el universo se han conectado armónicamente fluyendo uno dentro del otro.

Realidad superior

Principios
masculinos:

Principios
femeninos:

Conciencia

Energía

Pensamiento

Sentimiento

Realidad inferior

*Esquema de la doble trinidad del Superhombre, donde se establece la conexión entre el universo y el ser.

Yo soy energía

Complemento interactivo: melodía de poder

Ahora reproduce la **Melodía Superhombres**, misma que puedes encontrar en el buscador de YouTube con el titulo *Melodía Superhombres - Los estados del Ser* ó en el siguiente código QR que te manda a la lista de reproducción del material interactivo de la obra:

Conecta con el poder, siente la energía, déjate llevar por la música, trae a tu mente todas esas escenas que te hagan sentir ilimitado, crea nuevas escenas donde te sientas invencible y, por supuesto, tú seas el protagonista.

Esta melodía la puedes reproducir tantas veces como sea necesario y escucharla tantos días como sientas que te haga falta. Recuerda que mientras más conectas con la energía, más energía surge en tu ser. Te recomiendo que después de la lectura escuches esta canción toda la noche en modo de repetición, mientras estás durmiendo. Disfruta la experiencia. Sera increíble porque tú eres increíble.

NOTAS FINALES

- Este libro tiene un poder trasformador en el lector o aprendiz y es muy posible que con una sola lectura no baste para obtener el mejor provecho, ya que en cada lectura, el aprendiz o lector se encontrará en una etapa de conciencia muy diferente, advirtiendo de cosas que antes no vislumbró.

- A partir de la segunda lectura interactiva del libro, se recomienda que las ondas binaurales que se usan en cada capítulo se sustituyan por la melodía del capítulo, mientras se está leyendo, de esta manera se conectará más fácil con el estado de ser deseado y éste se cristalizara más fuerte.

- La finalidad del libro no es solo la obtención de conocimiento, sino también la generación de energía, ya que éste no ha sido pensado solo para la mente, también ha sido sentido por el corazón.

- Otra de las finalidades de este material es enfocar a multitudes de seres creando una Mastermente, con el propósito de que cada uno se acerque a su propia versión de Superhombre.

- Este material no termina aquí. Habrá más revelaciones sobre nuevos estados de ser, el despertar de la energía y más información sobre el Superhombre. También viene en camino el libro *Los Estados Supremos del Ser*. ¡Espéralos!

Estoy realmente emocionado por lo que sigue después de este primer libro. Mientras tanto, mi ser espera que experimentes *Los Estados del Ser* en total plenitud.

Vibrando lo mejor para ti:

Omar Valen

DEDICATORIA Y AGRADECIMIENTOS

Toda la información básica y el carácter que formé se debían al contacto con la presencia de mi Padre, ya que en mi niñez vivía prácticamente solo en un rancho, únicamente con mis hermanos menores y mis papás. La mayor fuente de conocimiento intelectual y emocional venía de mis padres.

Antes de conocer alguna institución religiosa, yo pensaba que mi Padre era un dios, que era invencible, que él todo lo podía y todo lo sabía. Mi imaginación y mi Padre eran las fuentes de conocimiento más grandes que tenía, pues estaba aislado de la sociedad, por la lejanía de mi hogar.

Es normal que los hijos amemos tanto a nuestros padres y este amor solo nos permita ver lo bueno, llegando a admirar la grandeza en ellos de modo que creemos que son Superhombres. Este libro es dedicado para ese ser tan especial en mi vida que llegué a considerar un hombre todopoderoso.

Para mi Padre: Artemio Valencia Cuevas (En paz descansa).

Mis agradecimientos son para mi madre y para mis hermanos, que siempre han visto algo especial en mí.

Para mis amigos con los cuales he emprendido proyectos, que algunos han fracasado y otros han sido un éxito, de cualquier manera, han apoyado a mi transformación.

Para mis familiares que han creído en mí.

Para mis conocidos y desconocidos que han sido parte de esta experiencia de transformación.

En buena parte, para el amor de mi vida: Mely Arellano Vargas, mujer que me ha mantenido con fuerza y motivación para vivir inspirado y enamorado, emociones y estados de ser que me han dado energía para alcanzar una transformación dentro de mí mismo, ya que ésta fue necesaria para poder completar esta obra.

Para mi amigo, corrector de estilo y editor, José Velasco, quien se involucró en la obra hasta vivirla.

Para mi ser, a través del cual salió el mensaje revelado.

Para ti que estás leyendo y sintiendo, porque de esta manera el mensaje sigue y seguirá creciendo, provocando poco a poco pequeños cambios para una gran transformación tuya y de este hermoso mundo.

ACERCA DEL AUTOR:

Omar Valen es un líder de desarrollo humano y espiritualidad, autor de 2 bestsellers y creador de la ACADEMIA VIBRANTIA con miles de alumnos por todo el mundo.

Egresado de la carrera de arquitectura del Instituto Tecnológico de Zacatecas, ejerció un tiempo, posteriormente emprendió un negocio de compra y venta de autos en la ciudad de Aguascalientes, México. En el 2013 vivió una experiencia mística que lo llevo a escribir su primer libro "LOS ESTADOS DEL SER". Omar afirma; "yo no sabía que lo sabía, hasta que alcance la inspiración".

Una vez publicado su primero libro su vida dio un giro inesperado, se vendió desde América Latina hasta Europa y el resto del mundo, posteriormente escribió su segundo libro "MENSAJES FRACTALES" y comenzó a impartir conferencias, talleres, Masterminds, clubs de lectura, mentorías y programas virtuales e interactivos para generar transformación en los participantes.

Su misión es apoyar a millones de personas a crear su VERSIÓN MAESTRA.

Encuéntralo en todas las redes sociales y expande tu consciencia con sus enseñanzas y su contenido gratuito en:

www.omarvalen.com

ó entra directamente al código QR

ACERCA DE VIBRANTIA

Vibrantia es una academia de desarrollo humano y espiritualidad con el objetivo de ayudarte a crear TU VERSIÓN MAESTRA. Ahí encontraras conferencias, cursos y programas que te llevan a una expansión a todas las áreas de tu vida, ya que nuestra filosofía es que te mereces una vida en conexión con la abundancia tanto interna, como externa.

El enfoque de nuestros contenidos esta desde el SER, la expansión interna y el entrenamiento mental, ya que al tener esta formación logras resultados extraordinarios por añadidura..

Si te gustaría potencializar tu vida, conoce más en:

www.vibrantia.online/programas

ó entra directamente al código QR

Esta obra tiene un poder transformador en la medida en que la información pase de la mente al corazón y se lleve a la acción. Comparte esta información a la(s) persona(s) que más amas y despierta en ella(s) algo de lo que ya se ha despertado en ti. Haz vibrar a la gente de tu entorno como ha sucedido contigo. Bendiciones.

Made in United States
North Haven, CT
18 March 2022